票证里的中国

编著 李三台

GUANGXI NORMAL UNIVERSITY PRESS
广西师范大学出版社
·桂 林·

票证里的中国

PIAOZHENG LI DE ZHONGGUO

图书在版编目（CIP）数据

票证里的中国 / 李三台编著. 一桂林：广西师范大学出版社，
2019.11（2022.3 重印）

ISBN 978-7-5598-1486-9

Ⅰ．①票… Ⅱ．①李… Ⅲ．①票证－收藏－中国－图集
Ⅳ．①G262.2-64

中国版本图书馆 CIP 数据核字（2019）第 208942 号

广西师范大学出版社出版发行

（广西桂林市五里店路 9 号　邮政编码：541004）

网址：http://www.bbtpress.com

出版人：黄轩庄

全国新华书店经销

广西广大印务有限责任公司印刷

（桂林市临桂区秧塘工业园西城大道北侧广西师范大学出版社

集团有限公司创意产业园内　邮政编码：541199）

开本：720 mm × 1 010 mm　1/16

印张：26　　　　字数：190 千字

2019 年 11 月第 1 版　　2022 年 3 月第 3 次印刷

定价：298.00 元

如发现印装质量问题，影响阅读，请与出版社发行部门联系调换。

票证里的中国

编著　李三台

广西师范大学出版社
GUANGXI NORMAL UNIVERSITY PRESS

前　言

新中国成立初期，国家一穷二白，物资极度匮乏，国家实行计划经济。

计划经济是生产由国家统一安排、产品由国家统一分配的经济方式。在计划经济体制下，生产什么、生产多少均由国家根据社会和人们的需求来统一安排，产品的分配进行统一分配。

为了满足人们生活的基本需求，当时最为有效的方法就是印发各种商品票证，有计划地分配到单位或城镇居民手中。

1955年8月5日，国务院全体会议第17次会议通过《市镇粮食定量供应凭证印制使用暂行办法》，随后，国家粮食部向全国发布这一暂行办法，各种粮食票证开始铺天盖地地进入人们的生活。

粮票、食用油票、布票等是我国最早实行的票证种类，这些极具我国计划经济时代特色的票证，在我国使用长达40多年。

我国的票证种类数量堪称世界之最，全国2500多个市县，还有一些乡镇都分别发放和使用了各种商品票证，对商品进行计划供应。此外，一些大企业、厂矿、农场、学校、部队、公社等也印发了各种票证，种类繁多，票面题材广泛，印制精细，具有时间性和地域性的特点。

我国各地的商品票证通常分为"吃、穿、用"三大类。吃的除了各种粮油票外，还有猪肉票、牛肉票、羊肉票、鸡肉票、鸭肉票、鱼肉票、鸡鸭蛋票，以及各种糖类票、豆制品票、蔬菜票，等等。穿的除了各种布票外，还有棉花票、棉胎票、汗衫票、背心票、布鞋票，等等。用的有火柴票、肥皂票、洗衣粉票、煤油票，煤票、商品购买证、电器票、自行车票，还有临时票、机动票等，五花八门，涉及各个领域的方方面面。总之，在计划经济时期，大多数商品都要凭票供应。相应的商品就用相应的票证购买，一一对应，缺一不可。为了照顾老干部、高级知识分子、科研人员和有特殊贡献的人，政府也分别发放了一些特供票证。

十一届三中全会以后，国家经济的发展，使市场商品供应有了根本性好转。随着改革开放的不断深入，城乡居民生活物资日益充足，票证逐步退出历史舞台。

1993年，我国决定在全国范围内取消粮票和油票，标志着票证时代的彻底终结。与人们生产、生活息息相关40多年的票证终于寿终正寝，中国也从此摆脱和告别了票证所代表的物资匮乏时代。

习近平总书记在庆祝改革开放40周年大会上的讲话中指出：粮票、布票、肉票、鱼票、油票、豆腐票、副食本、工业券等百姓生活曾经离不开的票证已经进入了历史博物馆，忍饥挨饿、缺吃少穿、生活困顿这些几千年来困扰我国人民的问题总体上一去不复返了！

这些票证的历史，是一部中华民族创业史，是中国农业、商业、工业、服务业的发展史，是中国计划经济的写照和证明。

目 录

第一部分

粮油票证

粮　票

　　在计划经济时期，粮票是人们的命根子。粮食包括粮食制品，实行凭票供应，没有粮票，就无法买到粮食及粮食制品。在饭店、食品店等，全部凭票供应，就连参加红白喜事，也要带米票。

全国各省、自治区、直辖市粮票

北京市

北京市粮票

北京市地方粮票

上海市

上海市粮票

上海市居民定量粮票

天津市

天津市地方粮票

内蒙古自治区

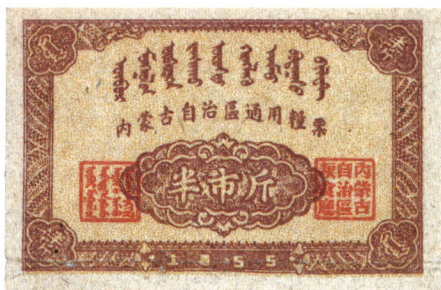

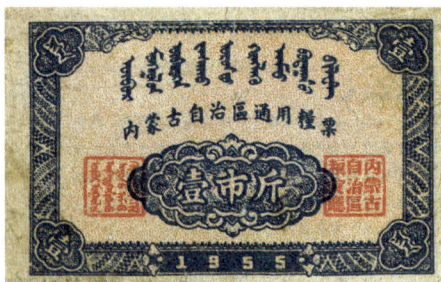

内蒙古自治区通用粮票

内蒙古自治区地方粮票

内蒙古自治区地方粮票

呼和浩特市山药票

呼和浩特市马铃薯供应票

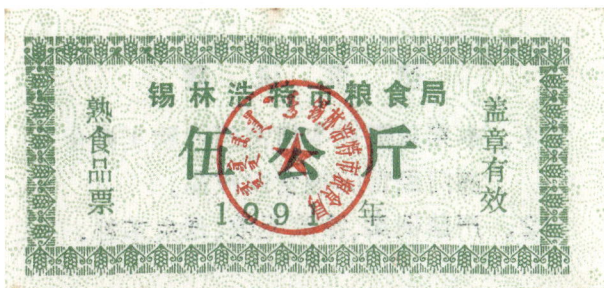

锡林浩特市熟食品票

乌海市市内面粉券

赤峰市地方面票

辽宁省

辽宁省地方粮票

辽宁省奖售粮票

丹东市居民面粉供应票

丹东市居民粗粮供应票

吉林省

吉林省地方粮票

辽源市居民口粮供应票

四平市居民口粮供应票

黑龙江省

黑龙江省粮票

佳木斯市粮食供应卡

鹤岗市粮食分拨证

河北省

河北省粮票

河北省地方粮票

邯郸市工种补差粮票

河南省

河南省流动粮票

商丘市粮食供应券

新乡市流动食油票

河南省细粮券

河南省以工代赈领粮券

山东省

山东省粮票

济南市粮票（大豆）

章邱（丘）县粮食副券

山西省

山西省粮票

山西省粮食厅
地方粮票
叁市斤
1955

山西省粮食厅
地方粮票
伍市斤
1955

山西省地方粮票

太原市薯类票

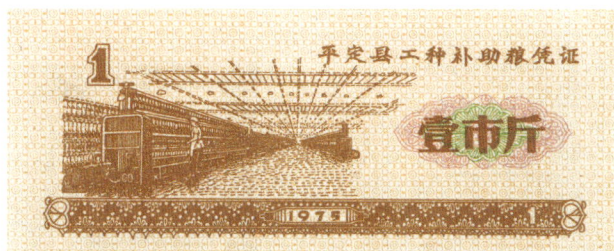

平定县工种补助粮凭证

大同市粮票

陕西省

陕西省通用粮票

陕西省通用粮票

陕西省高级脑力劳动者食油补助供应票

陕西省收购经济作物奖励粮票

湖北省

湖北省粮票

湖北省通用粮票

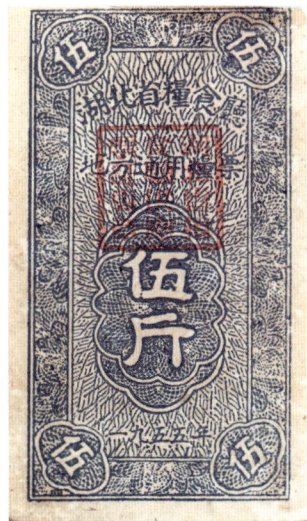

湖北省地方通用粮票

武汉市地方粮票

武汉市食品饮食专用粮票

湖北省流动粮票

监利县通用粮票

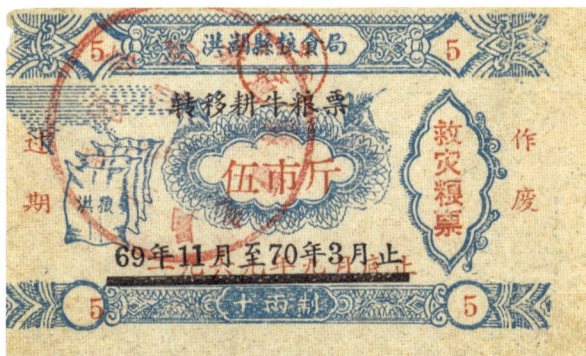

洪湖县转移耕牛粮票（救灾粮票）

孝感市城区购粮券

20　20

拾公斤
（20市斤）

1992

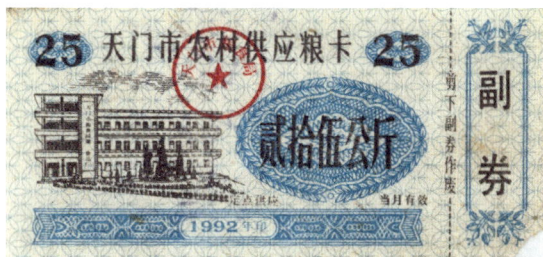

25　天门市农村供应粮卡　25

贰拾伍公斤

副券

1992年形

沙市市地方粮票

15公斤

15

1989

0.5kg　荆州镇粮食分拨证

0.5kg

1993年3月底过期

湖北省部分市、镇粮票

襄樊市区专用粮票

湖南省

湖南省粮票

湖南省通用粮票

湖南省粮食指标划拨票

湖南省购粮券

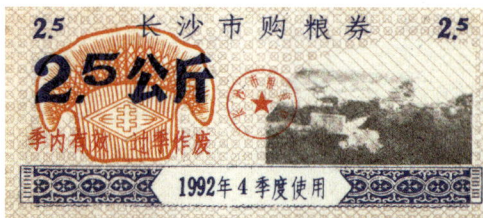

0.5　长沙市购粮券　0.5
0.5公斤
季内有效　过季作废
1992年4季度使用

2.5　长沙市购粮券　2.5
2.5公斤
季内有效　过季作废
1992年4季度使用

长沙市购粮券

华容县粮食局枚田粮站
草籽兑粮专用票
定不　　　　　　　　不遗
点得　　　　　　　　准失
供流　　　　　　　　伪不
应通　　　　　　　　造补
稻谷　壹百斤
一九六七年　　月（使用一次）

华容县草籽兑粮专用票（稻谷）

湖南省东安县
农村返销粮购买证
东粮农供字　№ 010583号
东安县粮食局制

东安县农村返销粮购买证

南县粮食证

芷江县薯干、淀粉收购券

安化县工种专用粮票

衡阳县周转粮票

江西省

江西省粮票

吉安地区临时购粮票

萍乡市粮券

萍乡市工种粮票

赣县大米票

黄龙粮管所制种谷票

安徽省

安徽省通用粮票

安徽省地方粮票

安徽省调剂粮票

安徽省流动购粮票

安徽省奖励粮票

合肥市定点粮票

芜湖市购粮券

淮北市地方粮票

淮南市流通粮票

江苏省

江苏省地方粮票

南京市购粮券

南通市购粮券

宝应县氾水购粮券

常州市通用粮票

苏州市议价粮券

镇江市定量购粮券

宿迁市城镇代粮券

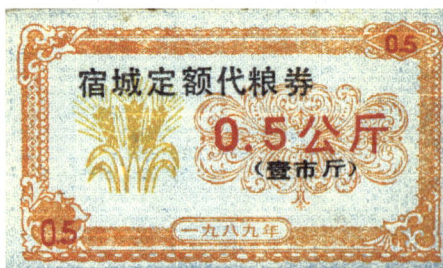

宿城定额代粮券

浙江省

浙江省粮票

浙江省定额粮票

福建省

福建省粮票

福建省地方粮票

福建省奖售粮票

广东省

广东省通用粮票

广东省常年流动专用粮票

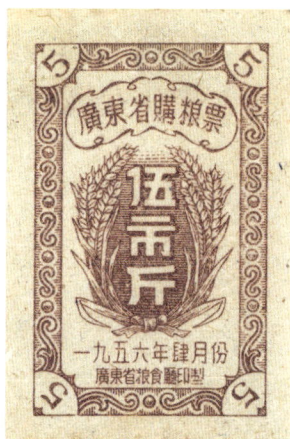

广东省购粮票

广州市专用粮票

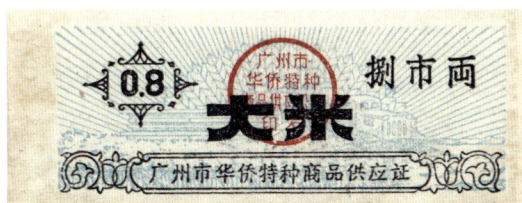

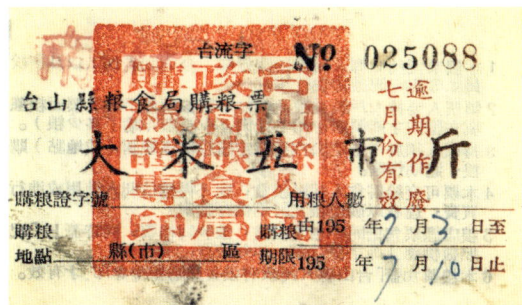

广东省部分市县购粮证

广西（省）壮族自治区

1958年3月15日，广西壮族自治区成立。之前称广西省。1965年10月，根据周恩来建议，国务院决定将僮族的"僮"字改为"壮"。

广西（省）壮族自治区通用粮票

广西壮族自治区通用粮票

广西壮族自治区奖售粮票

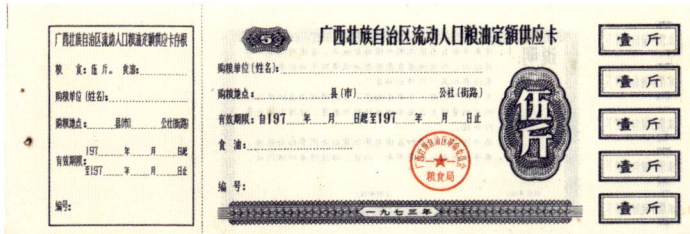

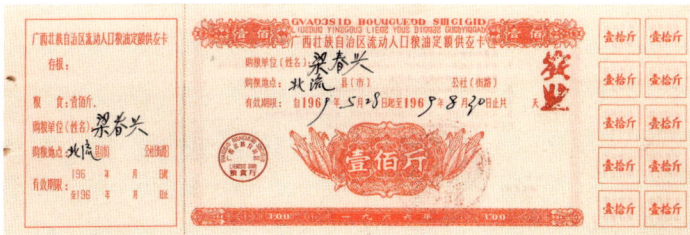

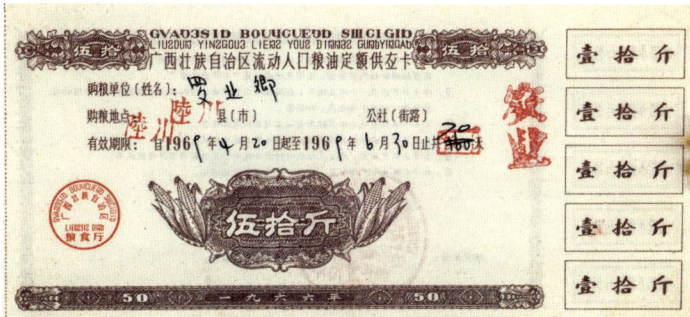

广西壮族自治区流动人口粮油定额供应卡

广西壮族自治区转移粮票

广西壮族自治区工种专用粮票

广西壮族自治区侨汇券

云南省

云南省粮票

云南省粮票

云南省军用价购食油票

昆明市面票

东川市工种补差粮票

云南省印支难民专用粮券

云南省印支难民专用食油券

贵州省

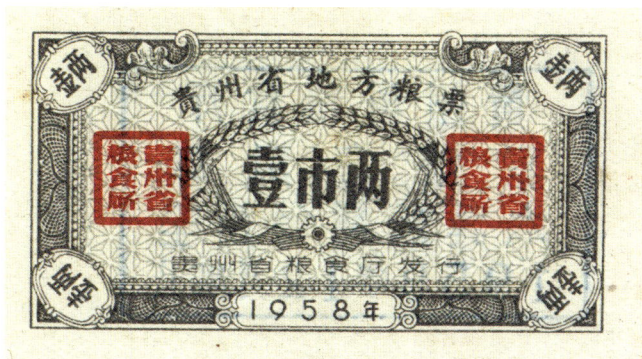

贵州省地方粮票

贵州省地方粮票

贵阳市食品供应票

遵义市工种差额购粮券

贵州省粗粮供应票

四川省

四川省粮票

四川省购粮券

四川省地方粮票

成都市临时凭票购粮（搭伙）证明

成都市粮食供应票

成都市粗粮供应券

罗江县食粮证明票

南川县市镇居民粮食供应券

长宁县购粮券

雅安县居民购粮票

江油县购粮券

雅安市粮食供应票

康定县粮食供应票

四川省部分市县购粮油票（证、券）

剑阁县购粮证

长宁县购粮券

西昌市粮食供应票

什邡县粮食供应券

宜宾市购粮副券

成都市金牛区菜农临时购粮证明

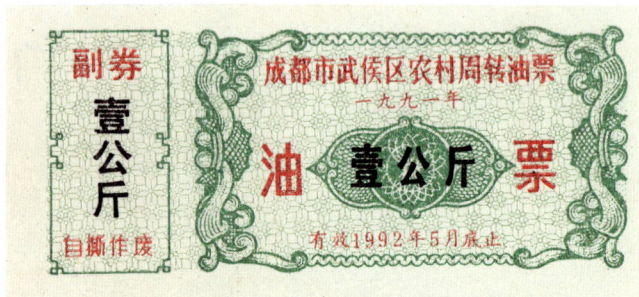

成都市武侯区农村周转油票

德阳市粗粮购粮券

德阳市购粮券

南溪县粮食供应票

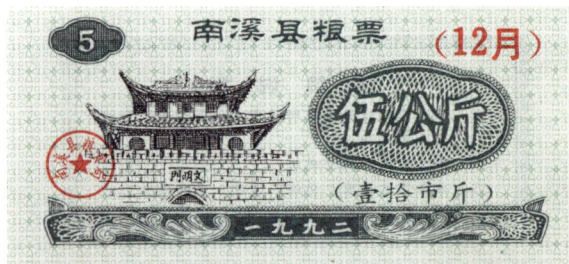

南溪县粮票

甘肃省

甘肃省粮票

甘肃省革命委员会、军区二〇七工程指挥部代券粮

兰州市工种补差粮票

天水市秦城区菜农粮票

宁夏回族自治区

宁夏回族自治区地方粮票

宁夏回族自治区地方油票

青铜峡县工种补差粮票

青海省

青海省地方粮票

新疆维吾尔自治区

新疆维吾尔自治区地方粮票

新疆维吾尔自治区地方粮票

新疆军区战备专用粮票

西藏自治区

西藏自治区筹备委员会粮食管理局地方粮票

西藏自治区粮票

中国人民解放军西藏军区粮票

中国人民解放军西藏军区专用粮票

军用粮票

大　米

面　粉

粗 粮

马 料

军用价购粮票

回乡转业建设军人资助粮兑换现金券

复员军人生产补助粮票

空军炮校粮票

中南区大米票

军用代金券

军用粮定额支票

粗粮票

大米票

马料票

面粉票

西藏军区粮票

全国粮票 1978 年版

1978年，根据毛主席提出"深挖洞、广积粮、不称霸"的指示，国务院决定印制这批粮票，印完后全部储藏于战备仓库里，作为战备专用粮票，因此叫作战备粮票，票面额共有5种：半斤、1斤、3斤、5斤、10斤。

火车、轮船、飞机专用粮票

1962年，乘坐火车、轮船、飞机的人员在开饭时要凭这种粮票用餐，如确无此种粮票也可用全国通用粮票代替使用。这批粮票面额有一两、二两两种。由于种种原因，后来这种粮票没有公开发行，只有少量票样发到各地粮食部门，没有流通使用。

火车、轮船、飞机专用粮票

全国通用粮票

全国通用粮票

全国部分省市及机关单位等餐票

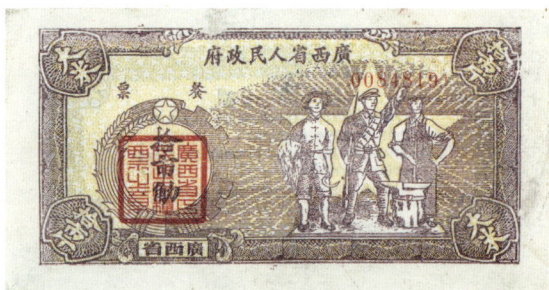

广西省人民政府餐票

百色市饮食券

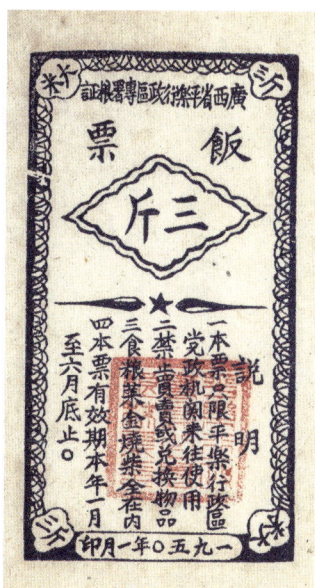

广西省平乐行政专署饭票

广西煤炭石油工业局职工食堂饭票

国营第一二〇厂饭票

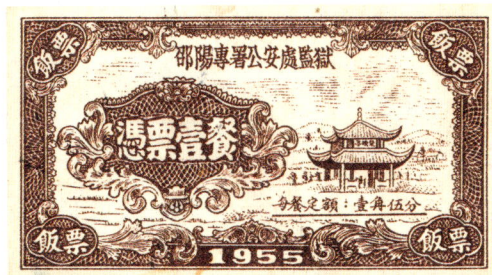

邵阳监狱饭票

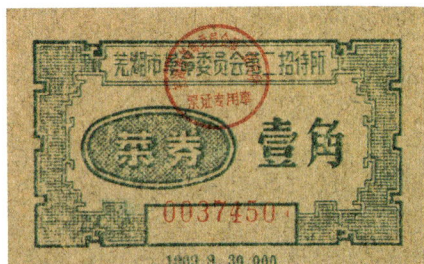

芜湖市革命委员会第二招待所饭票、菜券

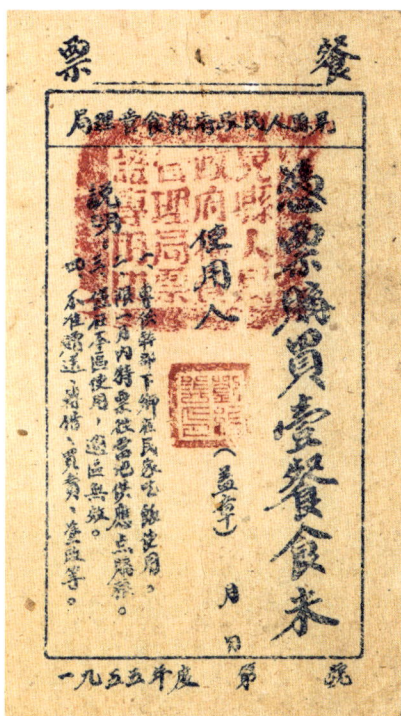

晃县（今新晃侗族自治县）餐票

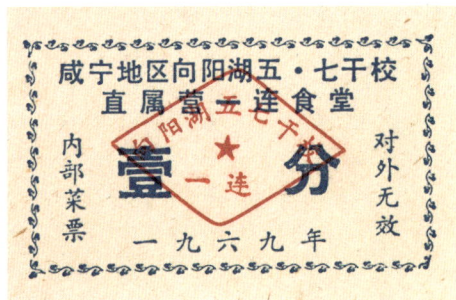

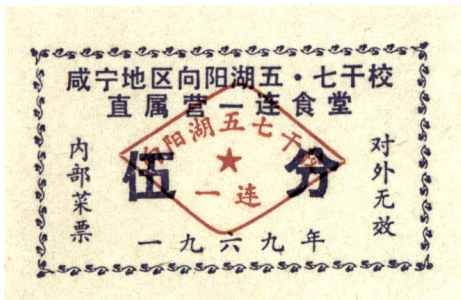

咸宁地区向阳湖五七干校直属营一连饭票、菜票

中国人民志愿军饭票

1952年，为了方便志愿军在关内的部队来往吃饭，中国人民志愿军后勤司令部专门印发了这种饭票，并规定是一天大米一斤半（旧制计为24两）。

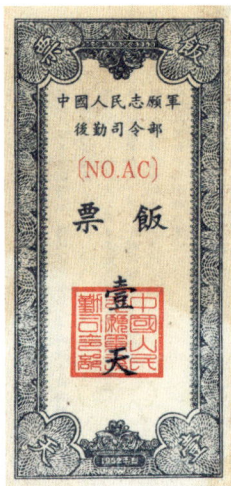

解放军总后方勤务部餐券

　　这张餐券是中国人民解放军总后方勤务部1956年发行的，面额为一餐。部队使用这样的票证，方便官兵到各地工作就餐时使用。

烈军属荣复转退军人饭票

昌都地区部队餐票

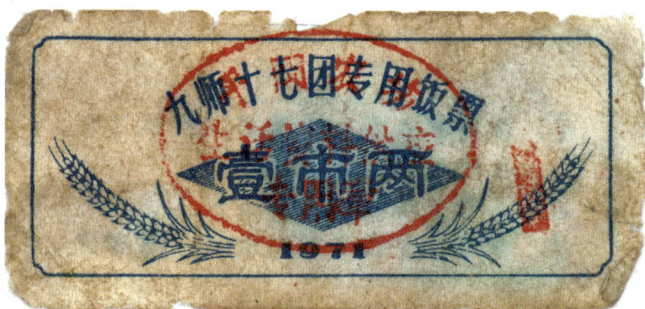

九师十七团专用饭票

三五三〇三部队餐券

各类杂粮票

副食品票、食品供应票、饮食票、豆制品票

当时发行这些票证时，虽然物资供应有所好转，但供求悬殊。为了让人们都能买到一份食品、副食品，这些票面就没有规定品名及数量，各地按实有物资，按人口、品种及分量供应。暂时不能敞开供应的，就凭食品票、副食品票按一定数量供应。

当时所发行的饮食票是为了方便人们在饭店、食品店用餐。如果没有饮食票，就无法在饭店和食品店用餐。

1959年陆续开始实行豆腐凭票供应，因粮食油料紧缺，一部分豆类作为粮食搭配，另一部分加工油料，剩下加工豆制品，豆料少了，每人每月供应3—5块豆腐，逢节日供应一些油炸豆腐粒，也要凭豆腐票抵折扣除。这些票证是发给非农业户口的。

柳州市豆腐票

广州市豆类制品票

武汉市豆制品票

贵阳市豆制品票

昆明市豆制品票

津市米豆腐票

黄豆芽票

这张黄豆芽票是常州市商业局1970年印发的。当时物资紧缺，黄豆芽的原料黄豆本身是粮食油料，因此物以稀为贵，必须凭票供应，而且是春节才供应一些做菜品用，平时很少有供应。

豆芽菜票

油豆腐、油面筋票

这两张油豆腐票、油面筋票是苏州市革委会商业局1963年春节期间印发的。由于各种物资紧缺，春节期间政府千方百计准备一些副食品供应市民，使市民欢欢喜喜过春节。

油豆腐票

油面筋票

婴儿奶粉、代乳粉票

当时，百物供应不上，奶粉、代乳粉是婴儿的特殊补品。为使更多婴儿能享用，所以定额凭票供应。

奶粉票

武汉市代奶粉票

天津市婴儿奶粉票

代乳粉票

贵阳市代乳粉票

婴儿辅食证

四川省渡口市（今攀枝花市）1977年印发婴儿辅食证，主要供应糖类及奶粉类辅食。在各类物资紧缺情况下，政府千方百计供应一些糖类，使婴儿能健康成长。

婴儿白糖票

糍粑票

江陵鸣春酒家印发的糍粑票，属食品类票证，在粮食紧缺时代这种糍粑算是上等食品，要扣粮食票才下发。

糍粑票

萝卜票、大葱票、蔬菜票

这些蔬菜票都是在北方发放，因北方不能常年种植，冬季、春季靠贮藏菜供应。南方四季可种，当时虽少些，但还有供应，不用凭票定量供应。有时确实困难，只有排队定量供应，每人一次能买多少，要视实际生产量随时调整。

洛阳市萝卜票

郑州市大葱票

徐州市蔬菜票

重庆市蔬菜票

食品转化专用票

　　陕西省安康市以及红山区1991—1992年印发粮食部门食品转化专用票及居民口粮转化食品票。这两种票对购买物资没有固定限制，购粮或副食品等都可以使用，但需要扣粮食指标。

食品转化专用票

大冰糕票、绿豆冰棒票、猕猴桃冰棒票

这三种票由江陵县食品厂印发，用于购买防暑降温食品。虽此类食品无粮油肉类重要，但生产供应不上，仍需凭票供应。

大冰糕票

绿豆冰棒票

猕猴桃冰棒票

冰棍票、雪糕票

冰棍票由天津市汉沽区糖业烟酒公司冷食厂印发，雪糕票由天津市汉沽大桥冷食厂印发。这两种冰棍票、雪糕票在厂内部使用，不对外发行。

冰棍票

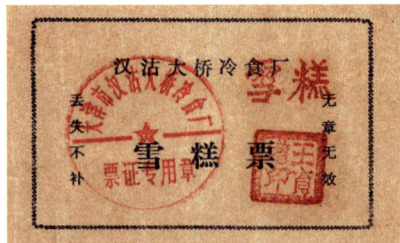

雪糕票

食品票

在计划经济时期，各种小食品也列入定量凭票供应行列，所以有糕点票（老人糕点票，节日糕点票，糕饼票，高级糕点票，华侨、港澳同胞饼干、糕点购买证）、煎饼票、米糕票、烧饼票、雪片糕票、桃酥票、麻条票、夹糕票、麻饼票、糖年糕票、芝麻绿豆糕票、乳糕票，还有馒头、花卷、窝窝头、瓜干馍、面包、月饼等品种全部凭票供应。

重庆市糕点票

重庆市璧山县面包供应票

米糕票

1964年安徽省宿城县粮管所印发儿童米糕票，不标明数量。为使儿童健康成长，粮管所每月都供应一些米糕，在副食品紧缺时，能够有票买些米糕给儿童解馋是幸福的。

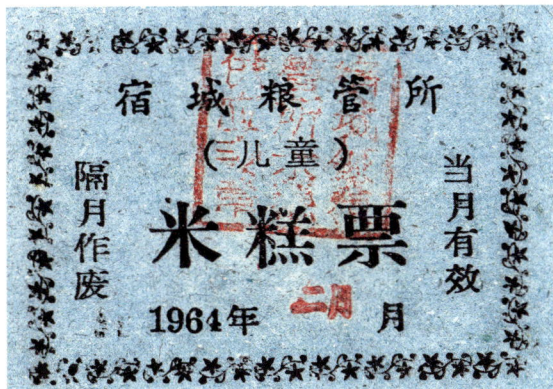

米糕票

芝麻绿豆糕票

武汉市商业局1962年端午节发放食用芝麻绿豆糕票，当时端午节能发些芝麻绿豆糕等副食品票，是很难得的，平常是没有供应的。

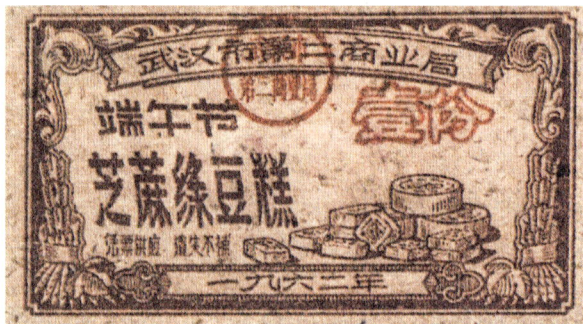

芝麻绿豆糕票

饼 票

在粮食糖类缺乏的年代，吃两块饼干并不容易。因是凭票供应，并非人人有份。

饼干票

月饼票

1959年至1963年，月饼是一种高级食品，也是传统中秋佳节礼品，用面粉、油料、糖、蛋、肉类等原料制成。当时这些原料都很紧缺，所生产的月饼很少，都是低档月饼，只有按人口凭票供应，农村凭购货本，供应每人一个过中秋佳节。到20世纪80年代初期逐步好转，各式各样月饼也增加生产，就不用凭票供应了。进入90年代随着社会物质丰富，各种各样的月饼应有尽有，从肉类蛋品月饼到冬菇、果味等高级月饼无所不有。

苏州市中秋月饼票

127

棉布衣被鞋帽棉花票的作用

人们生活离不开衣食住行。1954年国家对棉花实行统购后，开始统销，全国各地开始按人定量发行棉布票，实行凭票供应。初期每人每年20尺，1955年以后，逐年减少，每年每人16尺、13尺、12尺、11尺、8尺、6尺。到1962年每人只发3尺6寸布票，当时的布宽度为2尺1寸，因此两个人的布票合起来是7尺2寸，刚够缝一条裤子。

1961—1963年的棉布供应很紧张，想买一床被套，得想尽办法，当时买妇女用的方围巾是不用布票的，人们便用16条方围巾缝合起来做一床被套。买一件文化衫、背心也要收1尺布票，青年妇女及年轻姑娘的汗衫，只好买两条不用布票的手帕做一件，也有用3寸布票去买1尺蚊帐布来做一件汗衫的。

如果遇上婴儿出生及婚丧嫁娶需要布票，就得到单位去开证明，凭出生证、死亡证、结婚证到商业部门去审批，丧事一次性供应布票20尺，出生及结婚按当年地方每人实发尺寸予以补助。

当时穿一套衣服，真是"新三年，旧三年，缝缝补补又三年，再缝再补再三年"。

全国各省、自治区、直辖市布票

北京市

北京市布票

北京市人民委员会布票

上海市

上海市布票

上海市第一商业局购布券

上海市奖售布票

内蒙古自治区

内蒙古自治区布票

内蒙古自治区絮棉票

收购牲畜肉食奖售购买证

辽宁省

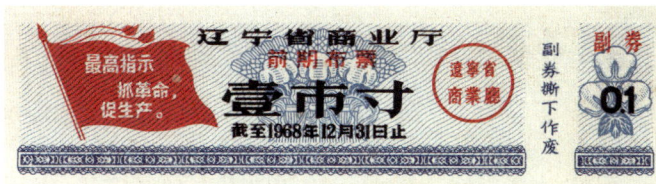

辽宁省布票

死亡补助絮棉票

鞍山市供销社死亡、结婚棉券

吉林省

吉林省布票

黑龙江省

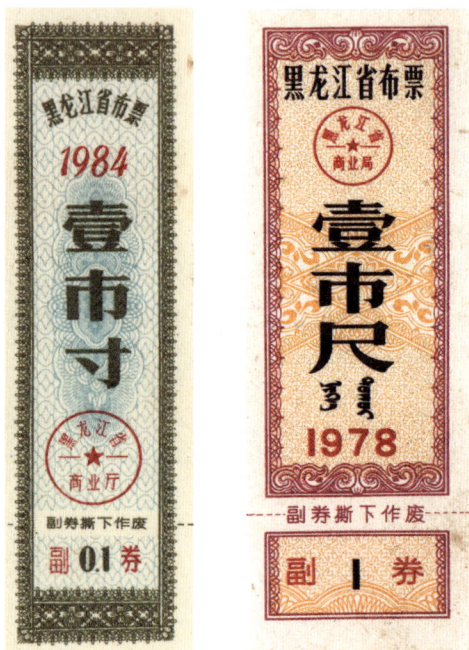

黑龙江省布票

河北省

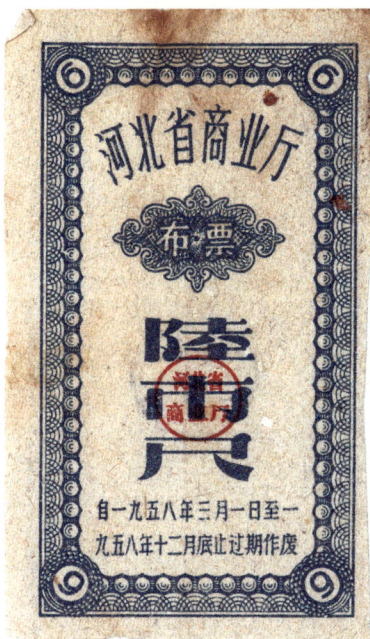

河北省布票

河北省布票

河北省布票

河北省布票

河南省

河南省棉布购买证

河南省布票

河南省布票

山东省

山东省布票

山西省

山西省布票

山西省棉花票

山西省奖售布票

山西省扶贫以工代赈购布券

襄汾棉花奖售糖证

武乡县贫下中农救济棉花证

陕西省

陕西省布票

陕西省布票

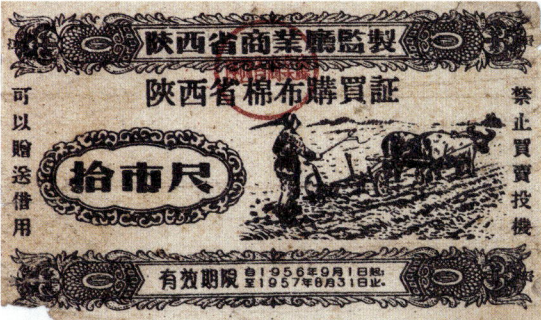

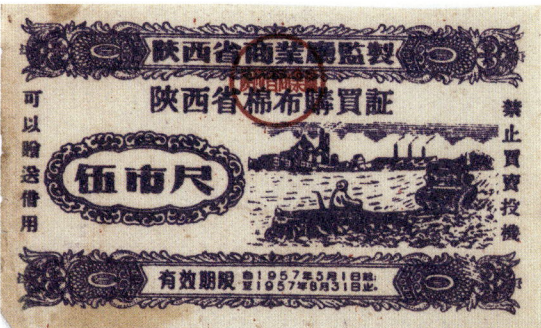

陕西省棉布购买证

陕西省临时调剂布票

陕西省棉花票

湖北省

湖北省布票

湖北省人民委员会布票

荆门县民用棉花票

恩施地区棉花票

嘉鱼县絮棉票

汉川县棉票

湖南省

湖南省布票

凤凰县人民政府购布证

江西省

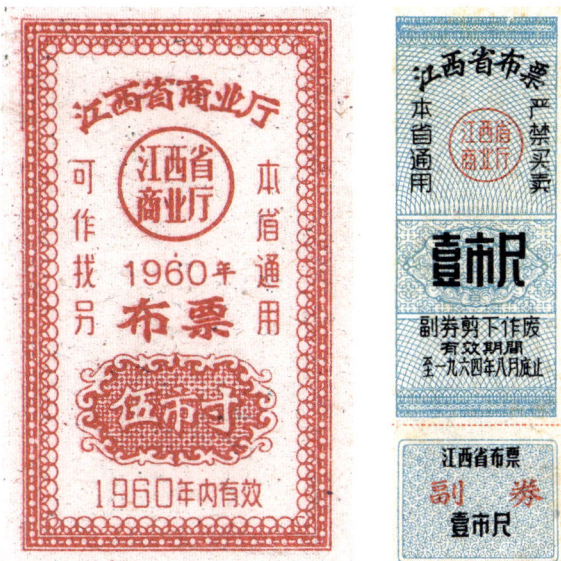

江西省布票

江西省布票

江西省民用布票

江西省奖售布票

江西省临时布票

江西省民用定量布票

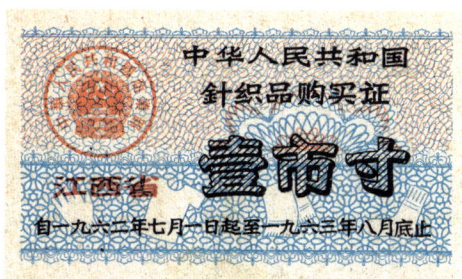

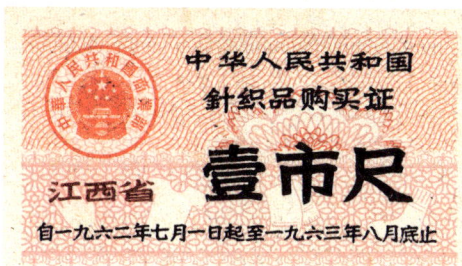

江西省针织品购买证

安徽省

安徽省布票

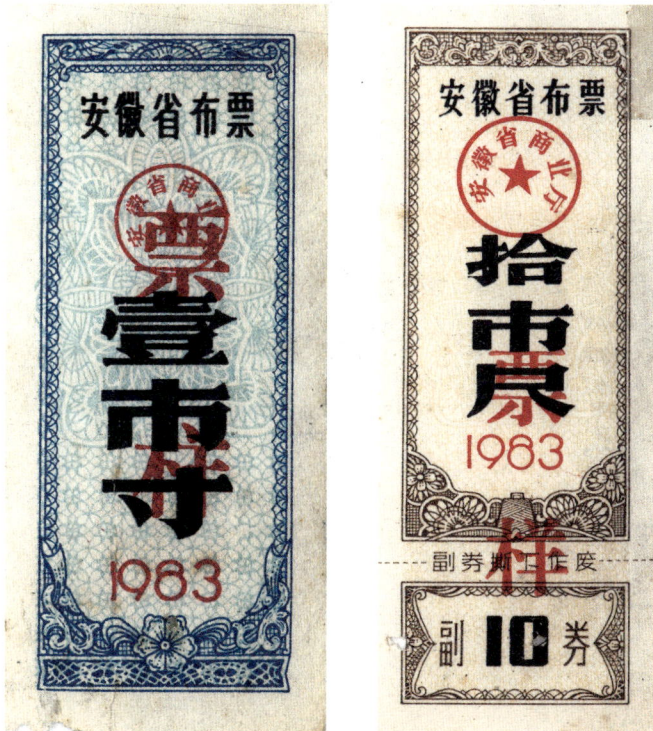

安徽省布票

江苏省

江苏省布票

江苏省布票

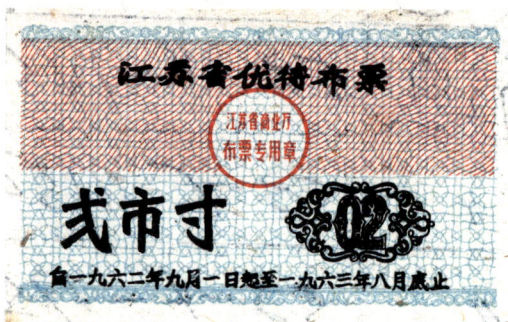

江苏省优待布票

江苏省絮棉票

泰州市纺针织品券

浙江省

浙江省布票

浙江省布票

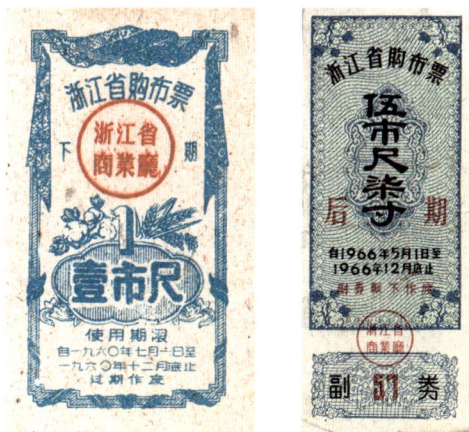

浙江省购布票

浙江省奖售布票

福建省

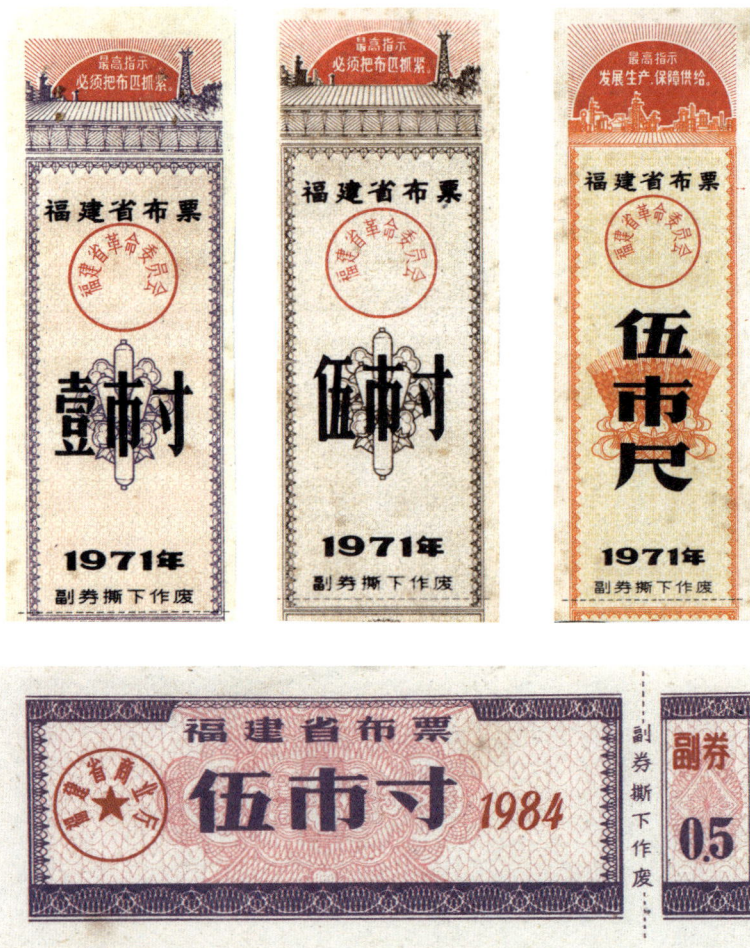

福建省布票

福建省棉布购买证

福建省收购特种物资奖励布票

广东省

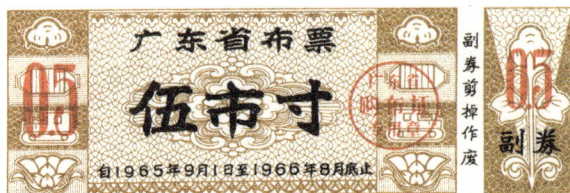

广东省布票

广东省布票

广东省布票（非农业人口定量）

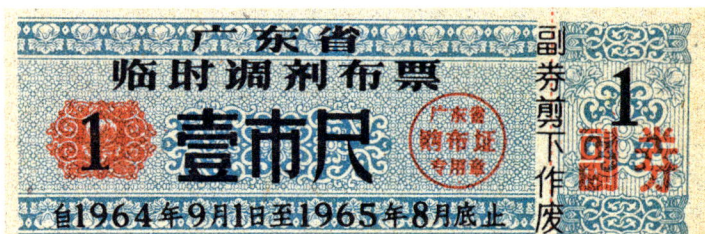

广东省临时调剂布票

广东省找零布票

广东省奖售布票
01
副券剪掉作废
副券
01
广东省
购布证
专用章
信宜
壹市寸
自1965年9月1日至1966年8月底止

中华人民共和国商业部
收购农副产品奖售布票
0.1
副券
壹市寸
江门
广东省
自一九六三年九月一日起至一九六四年八月底止
副券撕下作废

广东省收购农副产品奖售布票
广东省
购布证
专用章
壹市尺
副券撕下作废
自一九六四年九月一日起至一九六五年十二月卅一日止

广东省收购农副产品奖售布票
广东省
购布证
专用章
叁市尺
副券撕下作废
自一九六四年九月一日起至一九六五年十二月卅一日止

广东省奖售布票

广西（省）壮族自治区

广西省布票

GVAꝖSID BOUꝞCUEDD SWCIGID
广西僮族自治区
寸
贰市寸 2
布 票
广西僮族自治区
商业厅
使用期限：1961年全年有效

GVAꝖSID BOUꝞCUEꝙ SWCWGID BUBIU
广西壮族自治区布票
备战备
荒为人民
壹市尺
自1969年1月至1969年12月底止
副券撕下作废
副 1 券

艰苦朴素
GVAꝖSID BOUꝞCUEDD SWCIGID
广西壮族自治区
BU BIU
布 票
贰市尺
自一九六八年一月一日
至一九六八年十二月底止
撕下副券 此票作废
副 2 券

勤俭建国
GVAꝖSID BOUꝞCUEDD SWCWGID
广西壮族自治区
BU BIU
布 票
伍市尺
自一九六八年一月一日
至一九六八年十二月底止
撕下副券 此票作废
副 5 券

为人民服务
GVAꝖSID BOUꝞCUEDD SWCWGID
广西壮族自治区
BU BIU
布 票
陆市尺
后期
自一九六八年七月一日
至一九六八年十二月底止
撕下副券 此票作废
副 6 券

广西壮族自治区布票

广西壮族自治区布票

广西省棉布购买证

广西省棉布购买证

广西壮族自治区购粮奖励布票

广西壮族自治区奖售布票

广西壮族自治区收购农副产品奖售布票

广西壮族自治区民族照顾布票

云南省

云南省布票

云南省布票

云南省布票
云南省商业厅
★
伍市寸
1984
副 05 券

云南省布票
云南省商业厅
★
壹市尺
1984
副 1 券

云南省布票
云南省商业厅
★
伍市尺
1984
副券
5

云南省布票
云南省商业厅
★
拾市尺
1984
副券
10

云南省布票

云南省购布证

贵州省

贵州省布票

贵州省布票

贵州省布票

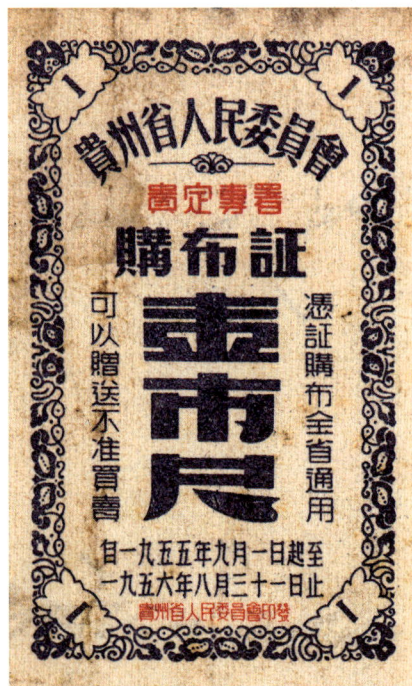

贵州省购布证

四川省

四川省布票

甘肃省

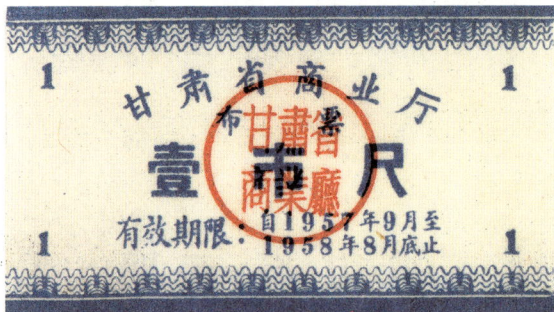

甘肃省布票

甘肃省布票

毛主席语录

人民，只有人民，才是创造世界历史的动力。

甘肃省布票

后期

甘肃省商业厅

叁市尺

自1968年7月1日起至1968年12月底止

副券撕下作废

副券

3

毛主席语录

下定决心，不怕牺牲，排除万难，去争取胜利。

甘肃省布票

后期

甘肃省商业厅

伍市尺

自1968年7月1日起至1968年12月底止

副券撕下作废

副券

5

为人民服务

甘肃省布票

壹市尺

一九六九年度

副券撕下作废

1969

1

副券

毛主席万岁
春风已到玉门关

甘肃省布票

伍市尺

一九六九年度

副券撕下作废

1969

5

副券

甘肃省布票

甘肃省布票

甘肃省布票

甘肃省工业品以工代赈购布券

宁夏回族自治区

宁夏回族自治区布票

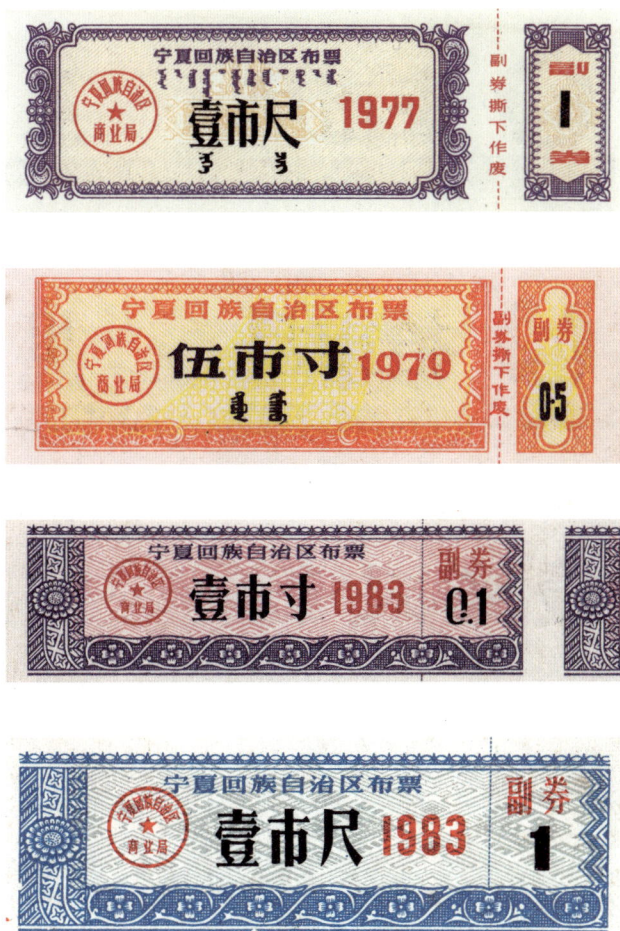

宁夏回族自治区布票

青海省

青海省布票

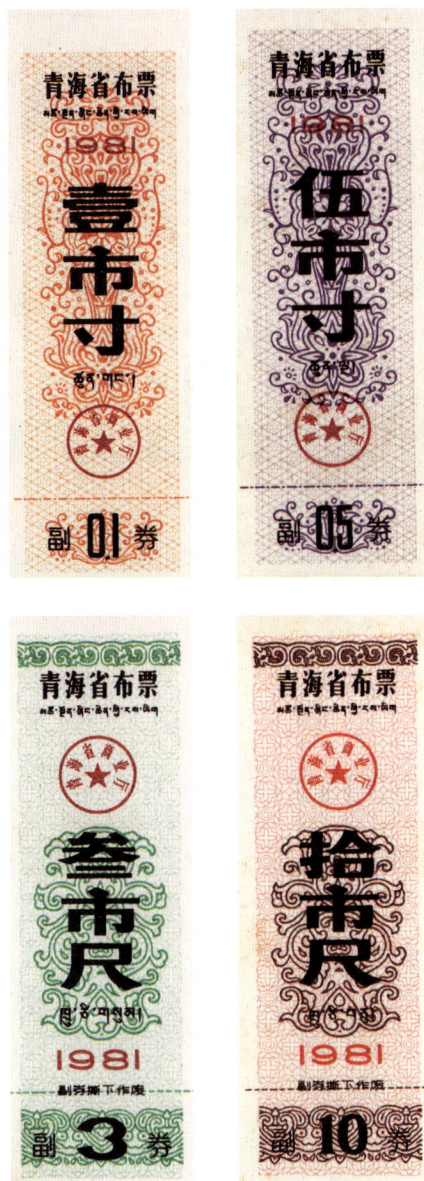

青海省布票

青海省布票

新疆维吾尔自治区

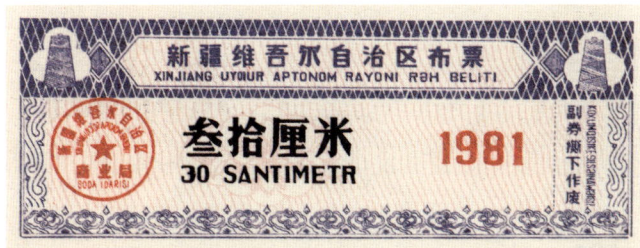

新疆维吾尔自治区布票

新疆维吾尔自治区临时调剂布票

新疆维吾尔自治区找零布票

西藏

西藏自治区布票

灯心绒证

这张对流生猪购灯心绒证由沁水县商业局1963年印发，面额7尺，即从甲队调猪给乙队时奖励部分灯心绒购买证。当时称为时髦的布料灯心绒，缝有一件衣服就好体面了。

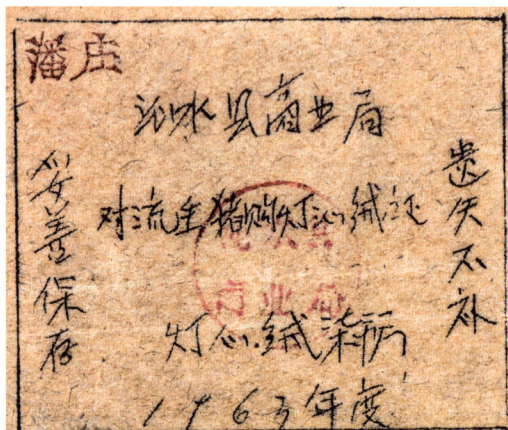

灯心绒证

黄棉票、白棉票

上海市供销合作社1967年印发黄棉半斤、白棉1斤票，这种票是1966年棉农留用棉花（皮棉未打、未加工过）由供销社收购加工好后，按数量供给棉农，分好棉和次棉两种。

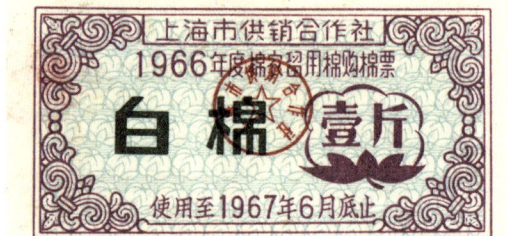

上海市棉农留用棉购棉票

结婚布票、生育棉券、死亡棉券

在计划经济时代，如结婚需要缝制两套新衣服，得凭结婚证到所在单位出具领取棉券（证）去购买，按当年国家规定的标准补助相应数量的布票，男女都有补助，生育及死亡也是同样补助。生育补助购布证是为刚出生的婴儿提供穿衣及背带抱裙、小棉衣等，因他们出生尚未发有布票，需补助来解决，各地有各地做法，有些单位出具证明，有的凭出生证，有的发票证，只要在补助范围内，就按当年当地人均数量补助。

结婚布票

生育棉花票

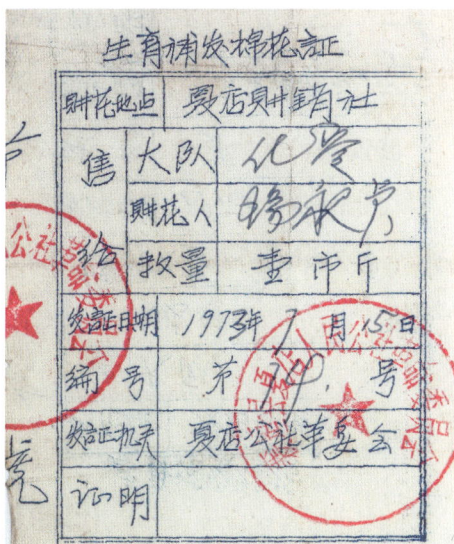

生育补助棉花证

结婚购物券票

这些票证是结婚人员使用的，如棉胎、布票、网套，很多还专门印刷双喜字在证面。

结婚补助棉胎专用券

武汉旧棉絮供应证

这张旧棉絮供应证由武汉市第一商业局1962年印发，当时新棉花无法供应，为了部分因没有棉被过冬的人，用旧棉絮作为控购物资供应给困难群众，以解决缺棉少絮之困。

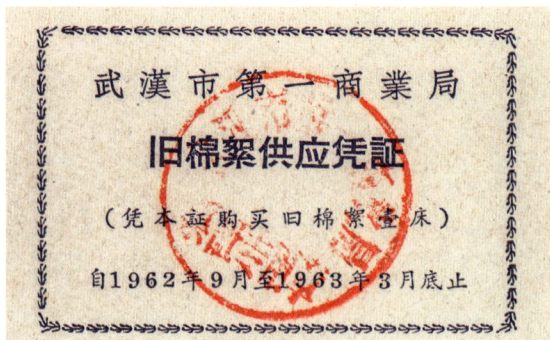

旧棉絮供应凭证

线 票

在计划经济时代，棉花、棉布、纺织品，全部凭票供应，线也是棉纱制品，同样需要凭票或购货本购买。这些线票由云南省商业厅发行。

云南省线票

卫生衫裤票

20世纪60年代末70年代初，卫生衫裤属于中等衣物，很多家庭都没有这种衣物，因当时国家纺织工业赶不上人民需要，生产并不多，加上棉花短缺、紧张，只好发布票，凭票供应，分配给困难群众御寒。

卫生衫裤票

单衣裤购买证、绒衣裤购买证

1962年，每人一年发布票3尺6寸。有些困难群众，没衣服穿，所发3尺6寸布票，布只有2尺1寸宽，刚够缝一条短裤。当时国家便采取发衣裤票的措施，购买时还是要收10%的布票。

绒衣购买证

大人单服装购买证

中小人单服装购买证

单衣购买证

此票由上林县港贤区公所1964年印发。当年每人平均发放布8尺，缝得了裤子，缝不了衣服。因此国家对确实没有衣裳穿的人发些单衣购买证，并限折7尺布票，这些证只有少数困难人能够享受。

单衣票证

蚊帐票

20世纪50年代前后，大部分蚊帐是用黄麻、苎麻人工纺线织成布缝成的。纹帐笨重，空气流通不足。经济条件好的人家，可用上纱罗或蚕丝等高级蚊帐，美观、通气、轻巧。到了60年代，蚊帐靠分配，或用布票购买。

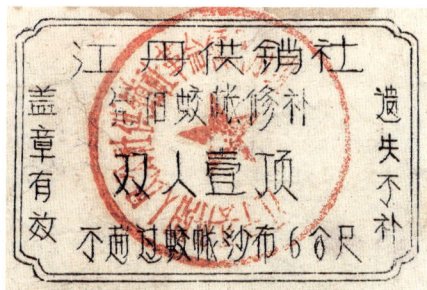

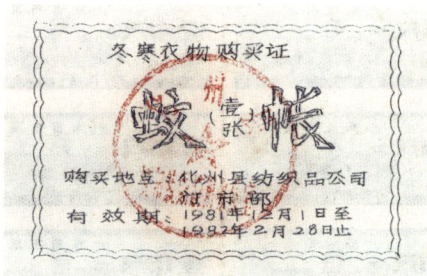

蚊帐票

鞋面布券

计划经济时代，布鞋都要凭票供应，很多家庭妇女自己动手做布鞋。鞋底可用破烂布来打钉穿线做成，但鞋面都需要新布做，所以上海市发1尺2寸鞋面布票，给人们做新布鞋。

鞋面布券

鞋　票

20世纪60年代，买一双胶鞋或布鞋并不是件容易的事，因橡胶短缺，市场各种物资紧缺，因此胶鞋、布鞋、塑料鞋，都要凭票供应。买一双布鞋，不但要凭票，还要收1尺2寸布票，但也有些布鞋票已带有布票了。从1963年开始，农村集体多售粮食给国家，则奖励一些鞋票给农民兄弟，但数量也不多。皮鞋、马靴当时更是高级商品，要想拥有一双是很困难的事。

青海省布鞋票

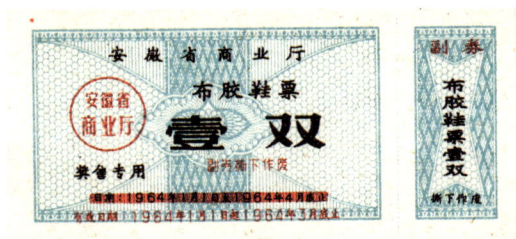

安徽省布胶鞋票

广西壮族自治区鞋票

贵州省奖售胶鞋专用票

江西省城镇鞋票

台山县购鞋票

交售粮食油脂奖励胶鞋票

1961年山西省商业厅印发购粮奖励胶鞋票，凭票购买胶鞋一双。1961年国家对交售粮食油脂的单位或个人奖售一些紧缺商品。大人鞋一双的票可购买小孩鞋两双，使购买小孩鞋的不吃亏。

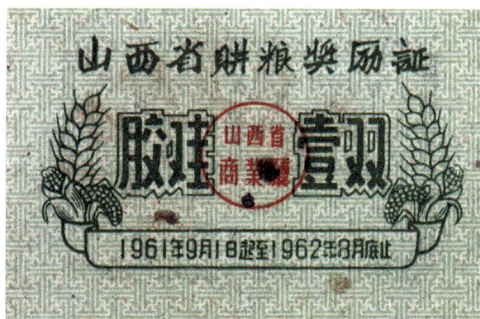

胶鞋票

马靴专供证

这张马靴专供证由内蒙古自治区畜产公司1983年印发。这些物资专为牧民生产配用。虽然已经改革开放，但这些皮革制品有时仍供应不足，还得凭票供应。

马靴专供证

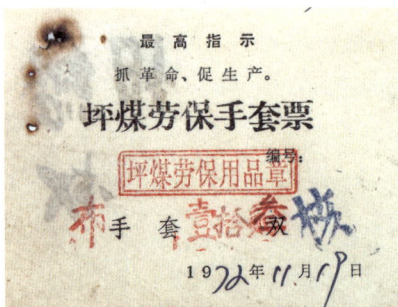

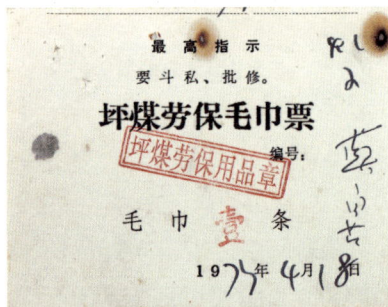

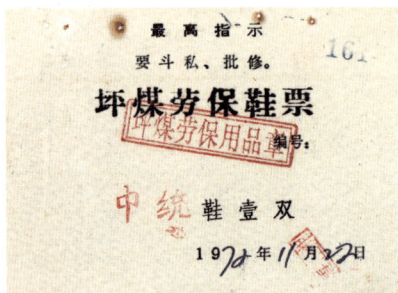

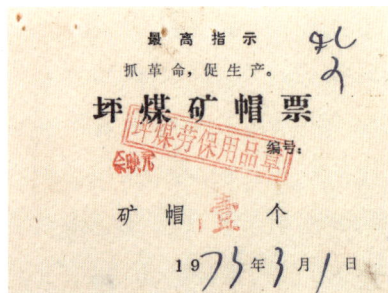

劳保用品票

棉花、絮棉票

1954年国家实行棉花统购统销。统销主要以棉布为主，剩下的棉花大部分用来加工成棉胎，实行凭票供应，要经过民主评定发票供应，结婚凭结婚证，也同样分配一床棉胎票。对于棉花供应很少的地区，主要给做棉衣、棉裤、棉背心及婴儿抱裙等，这些棉花票大部分是对出售农副产品的奖售票。

贵州省棉花票

浙江省棉花票

荆门县民用棉花票

四川省棉花票

贵州省棉花票

南溪县絮棉票

兴文县絮棉票

武隆县衣絮棉票

安徽省定量絮棉票

安徽省休宁县基本定量棉花票

丰城县袜子购买证

最高指示
要节约闹革命。

江苏省絮棉票
泰 县

江苏省
絮棉票
专用章

壹 张

（剪角作废）

自一九七一年一月一日起
至一九七一年十二月底止

江苏省絮棉票

汉川县革命委员会粮食科

过期作废

棉 票

遗失不补

壹 床

有效期1976年12月底止

汉川县棉絮票

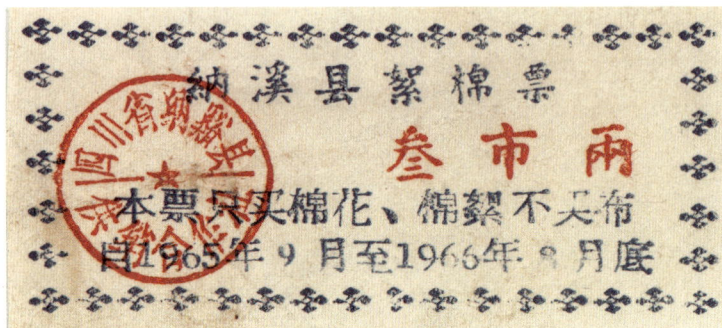

纳溪县絮棉票

南坪县棉花票

陕西省棉花票

郧县被套供应证

台山县防寒补助专用票

武乡县贫下中农救济棉花证

第三部分

家用杂物票

在凭票供应的计划经济时期，各种家用物品同样需要凭票，包括：自行车票、缝纫机票（券）、手表票、黑白电视机票、彩色电视机票、收录机票、电冰箱票、洗衣机票、电风扇票、拷边器票及各类家用杂物票。

自行车、缝纫机、手表、收音机当时叫"三转一响"。在计划经济时期，尤其是1960年至1966年，自行车、缝纫机是高等交通工具和特殊工业品，都是紧缺物资。当时是按分配及凭票购买，基本上每年按人员比例分配一次，大约是1000人口分配自行车一辆，缝纫机一架，手表一块。有些得票家庭因没钱买，就把票拿到黑市以高出国家供应价60%—70%出售。当时年轻人结婚有了这三大件（自行车、缝纫机、手表）是最幸福、最体面的。曾有句顺口溜："没有三大件，婚事谈不成；有了三大件，欢喜结良缘。"

各地市自行车券

20世纪50至60年代，农村基本没有自行车，能拥有一辆新的自行车是一件可望不可即的事。

上海市自行车券

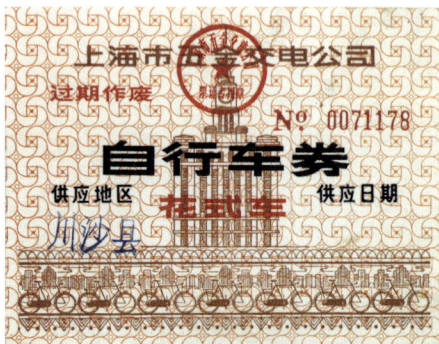

上海市自行车券 花式车

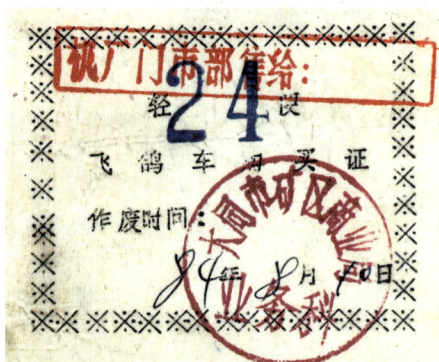

大同市矿区商业局飞鸽车购买证 轻24型号

上海市自行车三厂自行车券 凤凰牌

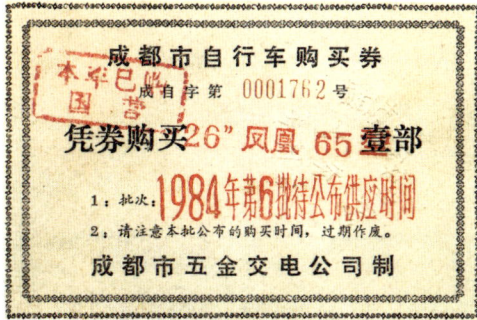

成都市自行车购买券

武垄公社单车购买证　五羊单车

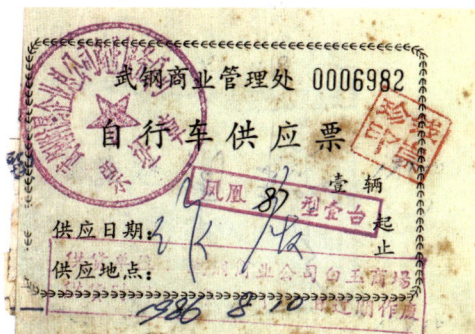

武钢商业管理处　自行车供应票　凤凰87型

缝纫机券

缝纫机是每个家庭妇女最喜欢的物件，有了它，缝缝补补省时省力，所以经济宽裕的人家都想拥有一架，但物资紧缺，没有票想买缝纫机是万万不行的。

上海市缝纫机券

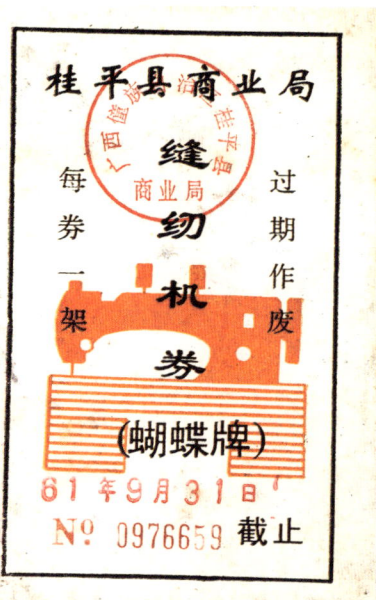

桂平县缝纫机券 蝴蝶牌

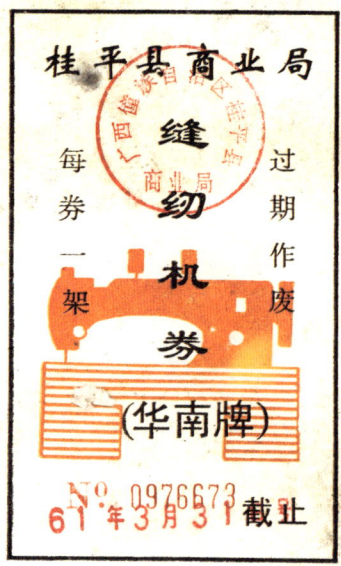

桂平县缝纫机券 华南牌

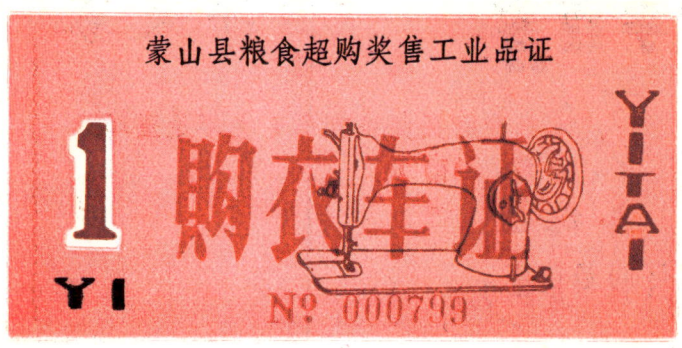

蒙山县粮食超购奖售工业品证 购衣车（缝纫机）证

手表券

20世纪60年代，手表也是紧缺物资。进口手表虽有部分出售，但价格高昂，大家都买不起。国产手表虽价廉物美，但供不应求，因此必须按分配凭票供应。

上海全钢防震手表券

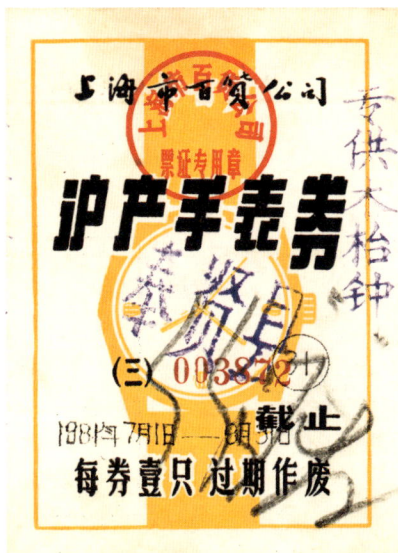

上海市沪产手表券

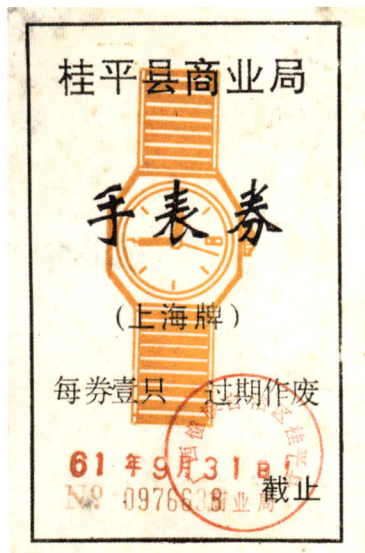

桂平县手表券　上海牌

黑白电视机票

20世纪70年代的黑白电视机，是人们的"宠物"，尤其在农村更是新事物，如果谁家拥有一台黑白电视机，不论是白天还是晚上，村里的大人小孩都会聚集到他家里去看电视，既热闹又光荣，稍为富裕的家庭都想拥有一台电视机。但当时生产还供应不上，只好凭票供应，等到彩电问世并有供应时，黑白电视机才敞开供应。彩电需要预约订购，但也有部分地区凭票供应。

上海无线电十八厂金星牌电视机购买预约单

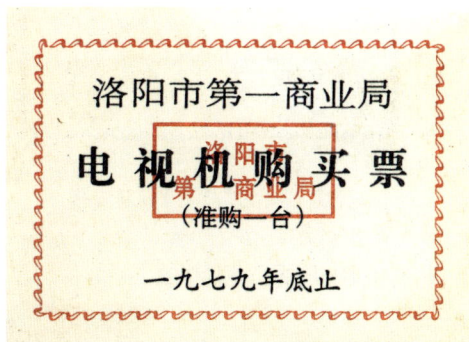

洛阳市电视机购买票

彩电票

这张青岛牌18寸彩色电视机购买票由青岛电视机厂1988年印发。当时正值群众购买彩电高峰期，彩电生产还赶不上人们的需求，而这种彩电价格是1920元，没有这张票还买不到。

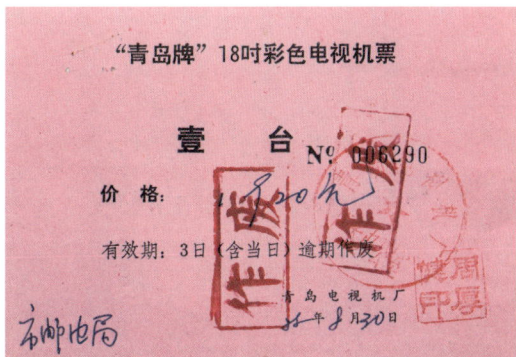

电冰箱票

这张电冰箱供应票由武钢商业管理处1987年印发。当时我国的电子工业突飞猛进，但我国电冰箱生产滞后，所以此时还是凭票供应。

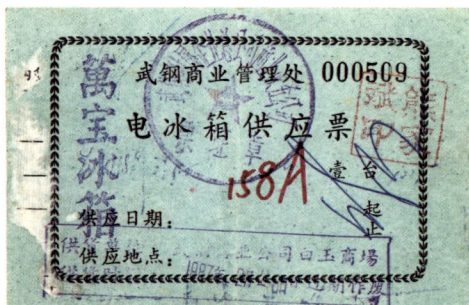

武钢商业管理处电冰箱供应票

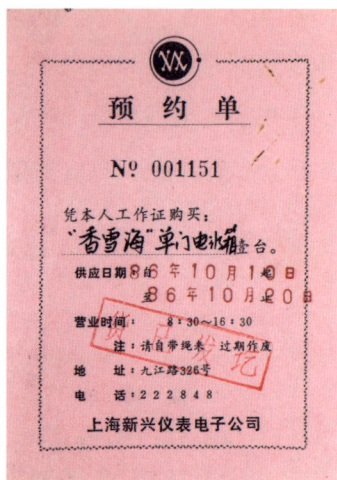

香雪海牌单门电冰箱购买预约单

洗衣机购买票、预约单

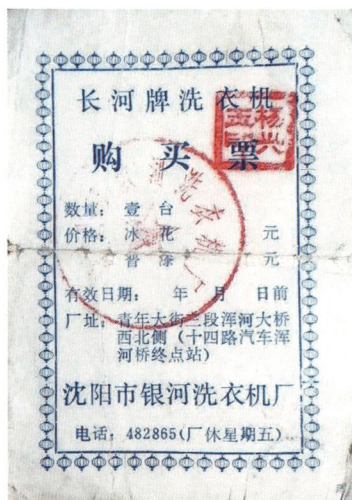

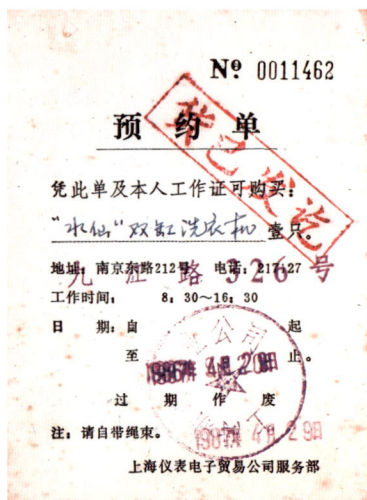

钢精锅票

钢精锅等制品，在各种票券购物时是不能轻易买到的，除了奖售及凭票供应，没有其他途径可走，百货摆在货架上，若没有票券，就只能"望洋兴叹"。

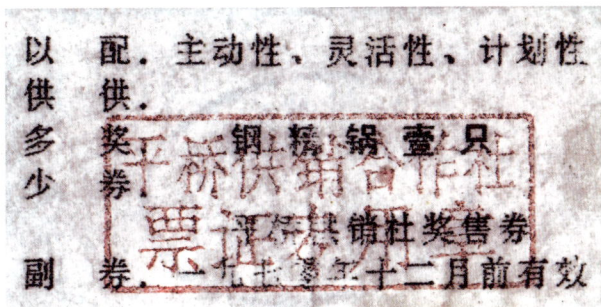

钢精锅奖售券

杉木水桶证

这张杉木水桶证由桂平县石嘴供销社1961年印发。杉木水桶、脚盆都是人们日常必需品，20世纪60年代绝大部分家庭都是用木器家具，在木材紧缺的地区，需凭票购买，还常常供不应求。

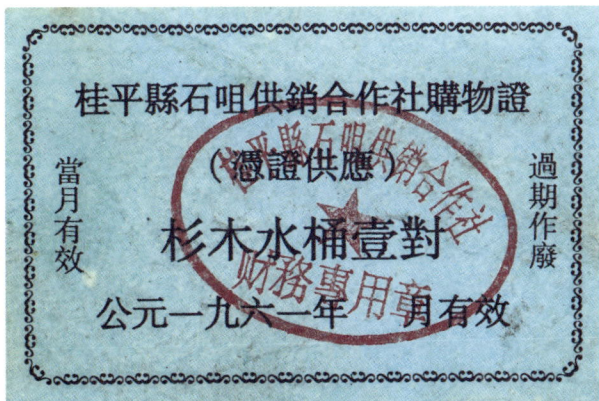

桂平县杉木水桶购物证

不要小看灯泡票、搪瓷口杯票、热水瓶票、塑料布票等小小的票证，在计划经济时期，没有它们，就无法买到相关物品。

贵阳市电灯炮票

沈阳市普通灯炮票

安徽省搪瓷口杯票

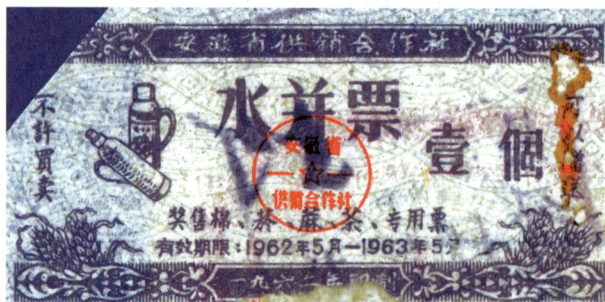
安徽省水瓶票

玻璃煤油灯罩票、汽灯票

20世纪60—70年代，各地电力供应不足，农村更谈不上用电灯。部分地区，灯具要按计划凭票供应。改革开放后，各地大力建设电厂，电力供应充足，城镇、农村大部分都用上了电。90年代末，原始灯具就进了博物馆。

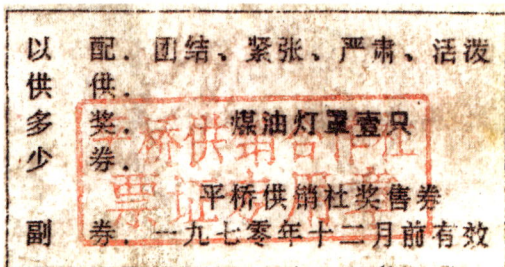

煤油灯罩奖售券

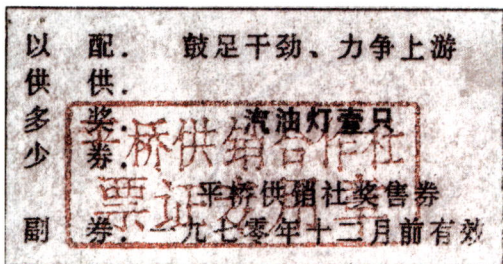

汽灯奖售券

缝纫机针购物证

没有这张票就买不到缝纫机针。有再好的缝纫机、再好的布料，没有这根针就不能发挥缝纫机之作用。

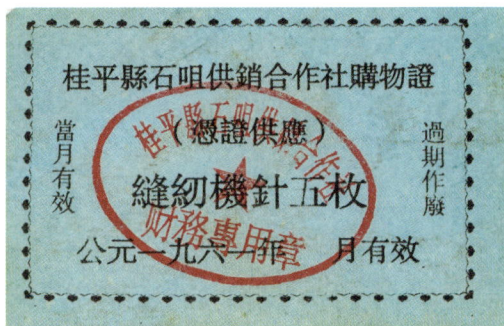

灭蚊药片购货券

这张灭蚊药片购货券由成都市电热器厂1989年印发。经过10年改革开放之后，我国大部分物资都已很丰富，但灭蚊药片是新产品，上市后供不应求，得凭券供应，但不是分配物资。

卫生纸票

如今，卫生纸是人们生活的必需品，但在60年代，只有妇女在使用，而且不能随意买到，要凭票或购货本供应。

卫生纸票

卫生纸供应证

肥皂票、香皂票、洗衣粉票

肥皂、香皂、洗衣粉的原料是油脂，由于油料作物及动物油短缺，无法多生产供应，为了让人们都能使用到，只好分配定量发票供应，有时用购货证购买，按人按季度供应，也有用工业日用品券购买。这种特殊票证，农民兄弟很少享受得到，只好用土办法，用茶麸捣成粉或野生洗手果来代替。

上海市肥皂券

南昌市肥皂购买票

西安市洗涤票

九江县布证调换肥皂票

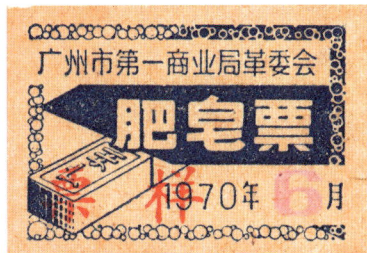

广州市肥皂票

军用香皂、肥皂购买票

这张军用香皂、肥皂购买票由辽宁省商业厅1964年印发。当时香皂、肥皂紧缺，但为确保军队官兵安心保家卫国，宁愿百姓不用都要解决他们的日用必需品，但也得用物节约，有一定的限度，并实行凭票供应。

香药皂券

这张香药皂券由上海商业局1963年印发。三年困难时期，很多工厂因原材料紧缺，生产都跟不上需要，当时肥皂这么简单的商品都供应不上，香药皂原料更是困难，因此出现供求矛盾，不得不凭票供应。

木箱券

木箱是每个家庭中不可缺少的物品。20世纪60—70年代，木材紧缺，所做部分家具，凳、木箱、洗衣板、捶衣棒等物很少，供不应求，确实没有家具用的家庭必须凭票去购买。

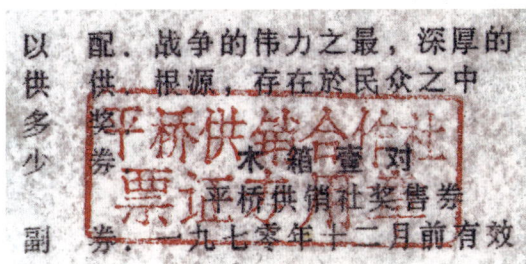

办公桌票

这张三抽办公桌票证由广西桂平县石嘴供销社60年代印发。当时木料紧缺，想用一张像样的办公桌，没有这张票，就没法买到。这些办公桌都是单位使用。

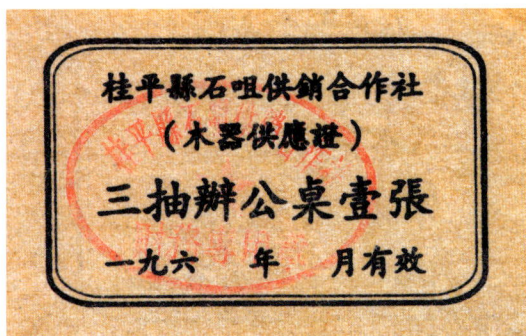

衣柜票

20世纪60年代，广西桂平县石嘴供销社包括木材在内的各项物资出现紧缺，因此制作三开衣柜的极少，除确实需要的单位外，只有少部分人能得到。

架木椅证

这张架木椅证由广西桂平县石嘴供销合作社60年代印发。当时木材紧缺，想使用一根木头都很困难，成材用来做家具的更少，所以想添一张椅子都得凭票供应。

棕床票、床架票、板凳票、脚盆票

这些票证由武汉市土产公司革命委员会1977年印发，棕床一张，床架一副，脚盆一个，各个凭票购买。这些木器家具在70年代紧缺，需要凭票供应。

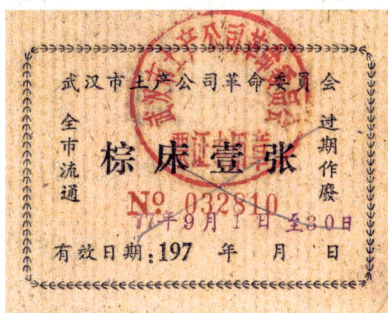

棕床票

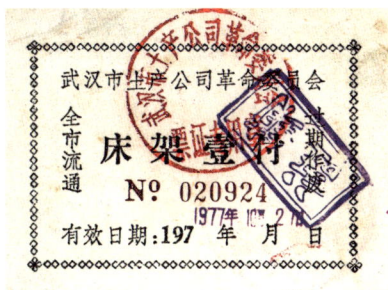

床架票

脚盆票

烟花票

这张烟花票由河北省沙市土产公司1992年印发。当时很多地方烟花爆竹已供大于求，但沙市地区还供不应求，还是凭票供应。

烟花票

水票、洗澡票

如碰上自然灾害，旱情严重时，人畜饮水就很困难，都得靠外地用汽车或拖拉机、马车、牛车运水支援，解决人畜饮水问题。为了解决人们饮水用水问题，必须限制供给，凭票供应。有些地方为解决人们洗澡难问题，专门开设了大浴堂，人们需凭沐浴票、澡票入内洗浴。

南京市甲种澡券

南京市普通澡券

太原市晋祠灌区水票

柳州市水票

大池洗澡票

这张大池洗澡票由宜昌市饮食服务公司60年代印发。这票不是分配给每个人，因燃料缺乏，不能满足大众热水洗澡的需要，只好用收钱卖票的方式来限制。

宜昌市洛北区大池洗澡票

理发票

　　1958年公社化后，一切人员都不准搞私活，理发师也不例外，吃公社饭，干公社活，工厂企业也同样。在农村及工厂企业中，理发师的本职还是理发，但是不得收现款，人们只能凭票理发了。

农业生产合作社工理发票

新乡市甲等理发票

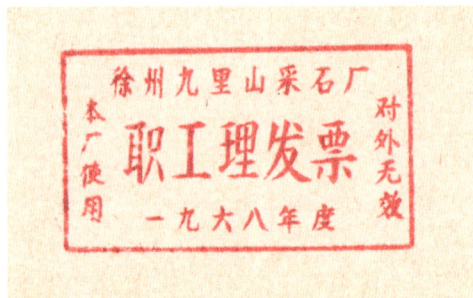

徐州九里山采石厂职工理发票

理发票（光头）

这张理发票由第一炮兵技校1954年印发，规定剃光头，不是留装。专票专用，不得更替。

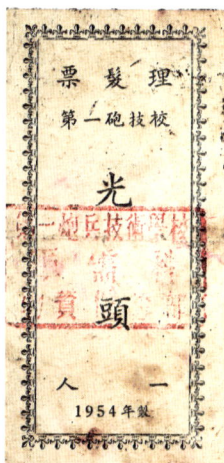

刮脸票

这张刮脸票由开滦建筑材料厂60年代末70年代初印发，单位在福利专项中有理发票、刮脸票发给工人，男女同等享受，当时理一次发0.15元，刮一次脸毛0.12元。

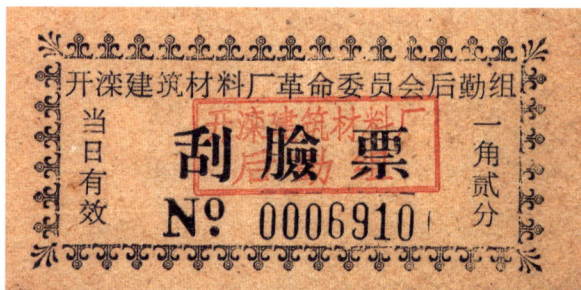

其他生活物资购买证

江苏省凭券取箱、交箱换券通用卡

福州市商品购买票

成都市塑料布供应证

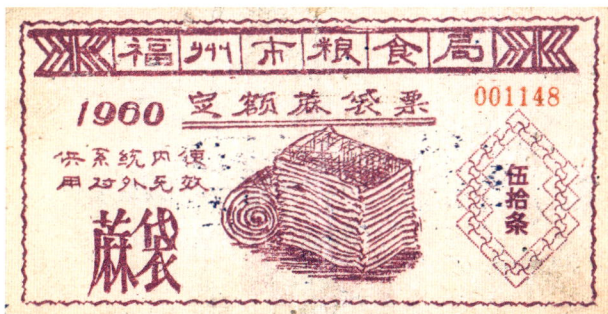

福州市麻袋票

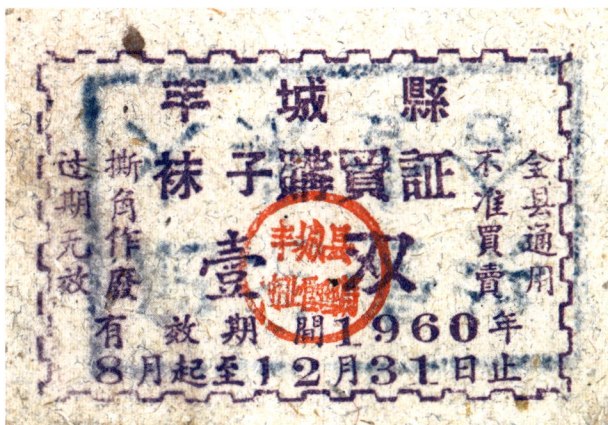

丰城县袜子购买证

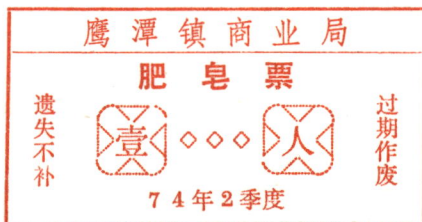

鹰潭镇生活用票

肉
票

从1958年开始，由于猪肉紧缺，供不应求，人们需要凭票定量购买猪肉。城市居民、工厂、学校、机关、团体，每月每人供应1斤或8两、6两、5两、4两。农村社员靠集体养的猪上交完成任务后，每月宰杀1至2头，集体饭堂统一开饭，每人每次可分得2至3两猪肉。当时猪下水也不能任意多买，都是凭票供应，甚至猪骨头也要凭票购买。肉类虽然紧缺，但政府对特殊人员还是给予了照顾，如产妇肉票、病人肉票、肝类病肉票，60岁以上老人肉票，老红军、老干部肉票等。家里有人去世时也可在公社大队出具证明去购买3至5斤猪肉。

到1961年7月，国家允许个人养猪，实行购一留一政策来解决吃猪肉问题。凭生猪派购证及牲猪收购证，批准农户宰杀一头猪自己吃或出卖。

公母猪补助肉购买凭证

广东省云浮县1977年印发的公母猪补助肉购买凭证，供养殖公母猪繁殖猪苗的人买部分猪肉。

云浮县猪肉票（公母猪）

种猪肉票

湖北省红安县1963年印发的奖励种猪肉票，专门为照顾种猪即公猪母猪养殖人员使用，每年每月发给种猪养殖人员一定数量的肉票去购买猪肉。

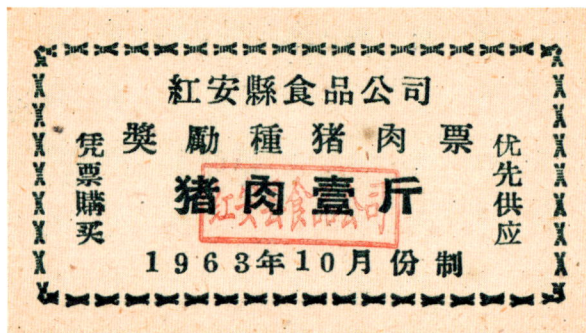

红安县奖励种猪肉票

返还肉票、自留肉票

在猪肉凭票供应时期，靠集体养猪无法解决猪肉供应问题，于是国家开始提倡"要想多食肉，就得多养猪"。从养猪户购一留一的政策转变后，不准养猪户自己宰杀生猪，要全部卖给国家，国家按照20%比例给养猪户发肉票，由养猪户自己支配去购买猪肉，这种肉票就叫作返还肉票，或自留肉票。

德阳县返还肉票

四会县卖猪留肉票

大邑县返还购肉证

武汉市出售生猪留肉专用票

猪杂、猪头肉、猪肠、猪骨头票

在猪肉凭票供应时，猪杂、猪肠、猪头肉，甚至猪骨头都是很宝贵的东西。

广东省猪骨头票

广东省四会县猪什（杂）票

这枚二两猪什（杂）票由广东省
四会县1962年发行。当时猪肉短缺，
猪什(杂)也同样短缺，实行凭票供应。

特殊肉票

在计划供应年代，除了正常发给个人肉票外，还给病人、产妇、60岁以上
老人，以及结婚、生育、死亡、华侨汇款补助、华侨回国等相关人员，发放特殊
肉票。

横江产妇猪油供应证

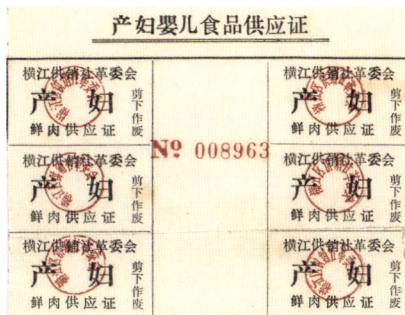

产妇婴儿食品供应证

贵阳市产妇病人肉票

产妇荤食品票

247

广州市老红军、老干部肉票

战备献血人员营养补助肉票

武汉市60岁以上老人专用肉票

老人购肉票

1962年广东省台山县食品公司对60岁以上老人专门印发购肉票，这是中华民族美德传承的体现。这类肉票不但是对老人的一种照顾，也是对青年一代的一种教育。

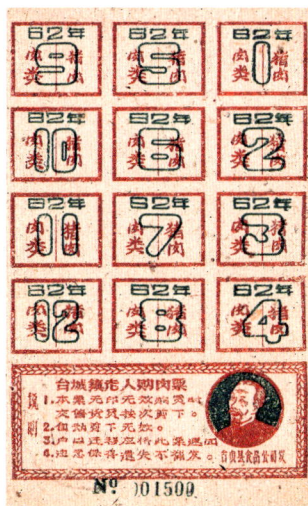

老人购肉票

广西华侨肉类供应证

这张三钱肉票侨汇供应证由广西壮族自治区发行。国家为了鼓励海外同胞寄外汇回国，按在国际交易所汇外币的比例给侨汇家属发一些粮、油、肉、布、烟、工业券等票证，可购买紧缺物资。

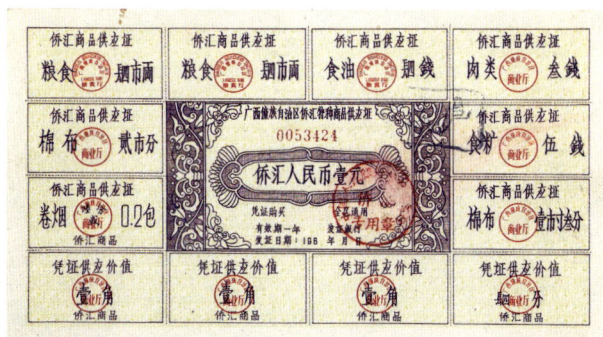

广西华侨肉类供应证

福建省侨汇物资供应票

这枚三钱肉票是60年代福建省给归国华侨发的特种供应券，华侨同胞回到祖国也给予特殊照顾。

各种节日特殊肉票

柳州市保健肉票

柳州市节日肉票

沙市春节腊肉票

各地肉票

洛阳市汉民肉票

九江市冻猪肉券

贵阳市集体专用肉票

251

德封县肉票

恩平县购肉票

江陵县肉票

贵阳市食肉票

凯里县售肉单

合川县肉票

三台县肉（油）票

昆明市肉票

柳州市肉票

石首县兑现肉票

武汉市肉票

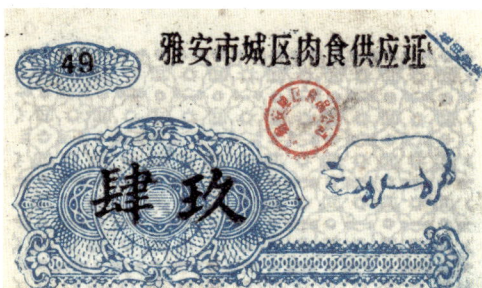

雅安市肉票

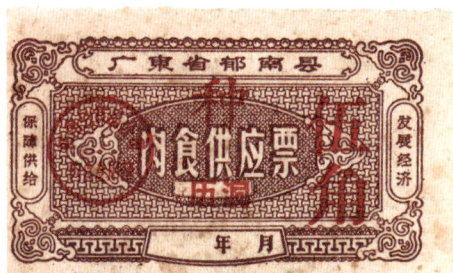

郁南县肉票

云浮县猪肉票

重庆市肉票

蚌埠市杂肉票

成都市临时肉票

抚顺市猪肉票

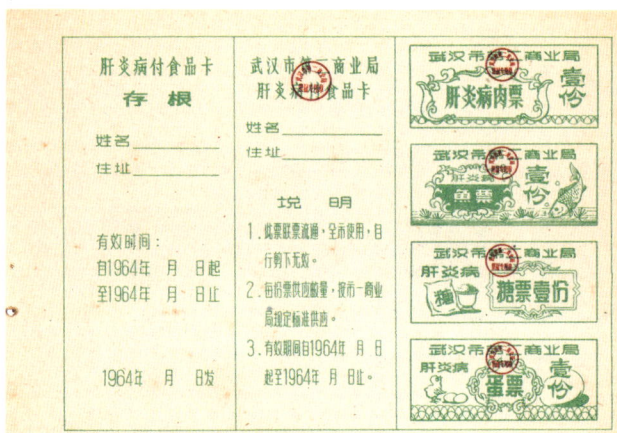

肝炎病副食品卡

灌县肉票

定安县定量肉票

桂林市售猪回销肉票

哈尔滨市肉票

安阳县肉食券

259

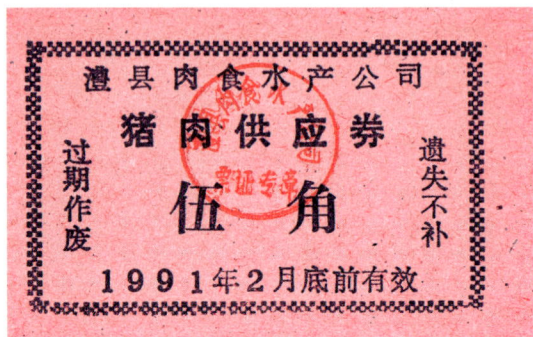

澧县猪肉供应券

洪湖县职工营养票（猪肉）

南宁市肉票

平凤公社猪主肉票

绵阳市优待肉票

厦门市肉票

平南县肉票

上海市奖励肉票

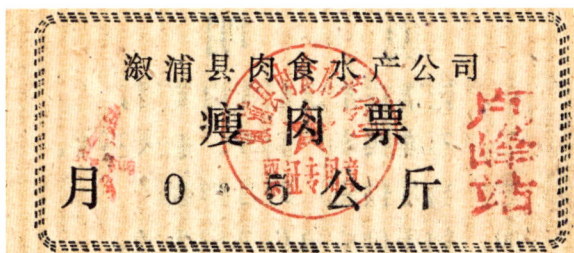

溆浦县瘦肉票

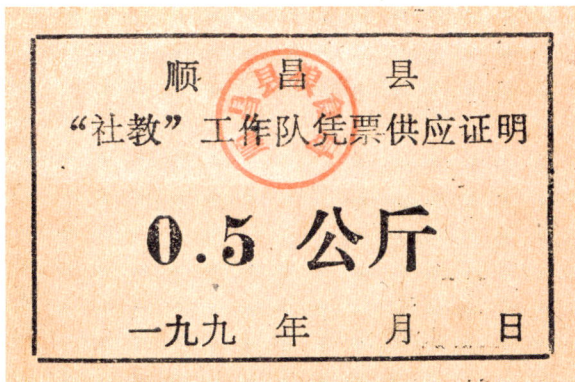

顺昌县凭票供应证明

铁岭县城镇居民肉票
23
熟肉半斤
铁岭县食品公司
供应专用章
1980年

23
熟肉半斤
副　券

丢失不补

铁岭县肉票

芜湖市商业局
商业局
副食品券
33
1980
副 33 券

芜湖市肉食品券

乌鲁木齐市
猪肉票
4
1991
副 4 券
1991

乌鲁木齐市猪肉票

武胜县居民肉票
武胜县商业局
案伍号
遗失不补
切角作废

武胜县居民肉票

西安市猪肉供应票

资阳县购肉证

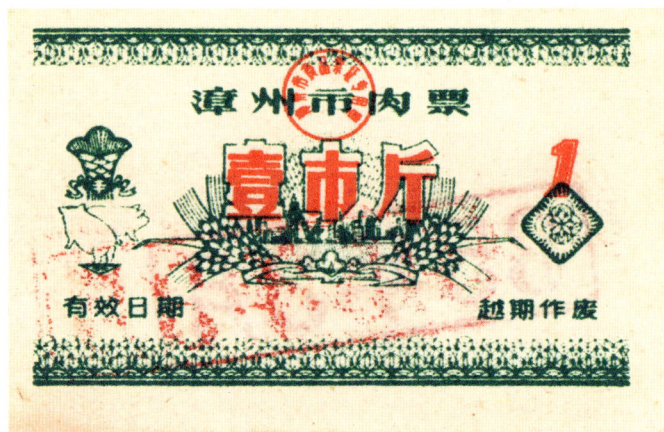

漳州市肉票

各地军用肉票

广东省海南行政区军用肉票

新疆维吾尔自治区军供肉票

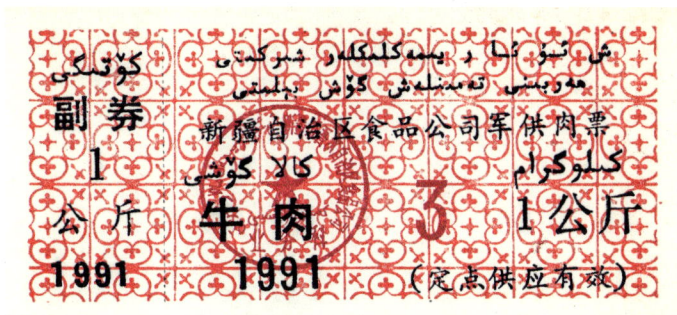

新疆维吾尔自治区军供牛肉票

福建省军用肉票

广州军区生产建设兵团第五师第十团流动购肉票

牛肉、羊肉票

因汉族有猪肉票购买猪肉，国家对回族等少数民族，也发牛肉票、羊肉票，这是民族大团结的体现。

乌鲁木齐市牛羊肉票

新疆维吾尔自治区羊肉票

北京市羊肉票

西安市牛羊肉票

清水河县羊骨架票

蛋 票

1958年"大跃进"后，只有集体养殖场供应禽蛋，但饲料不足，科技不够，产蛋不多，因此蛋类供应困难，只能凭票供应，供应数量有限。

鞍山市蛋票

天津市购蛋证

北京市鸡蛋票

安阳市蛋品供应券

生猪、鲜蛋派购证

在计划经济时代，生猪、鲜蛋是二类物资，国家对公社、生产队和农民实行派购政策，农民卖一头猪（130斤以上）给国家后，允许留一头自食或屠宰到市场去出售，这便是购一留一政策。

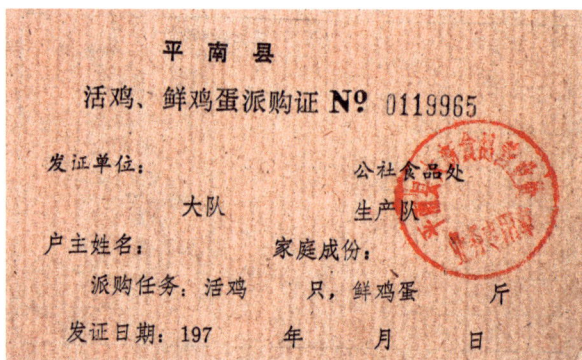

活鸡、鲜鸡蛋派购证

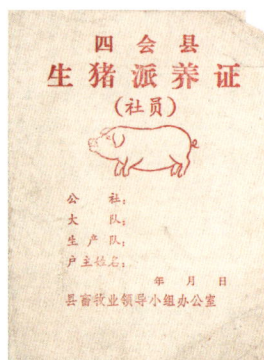

生猪派养证

家禽票

在计划经济时代，粮食及饲料少，当时私人养鸡也很少，全靠集体饲养。因当时养殖水平不高、饲料少、生长慢，出栏少，要想杀只鸡来改善生活都很困难，就算有部分供应，也并非家家户户分配得到，这种情况使鸡的身价大大提高。

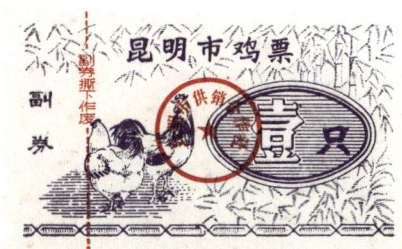

昆明市鸡票

合肥市其他肉类票

冻禽票

这张冻禽票，由上海市禽类蛋品公司1988年印行。为了让干部及特殊人员在节日期间过得愉快，发票购买一只冻禽，打打牙祭。

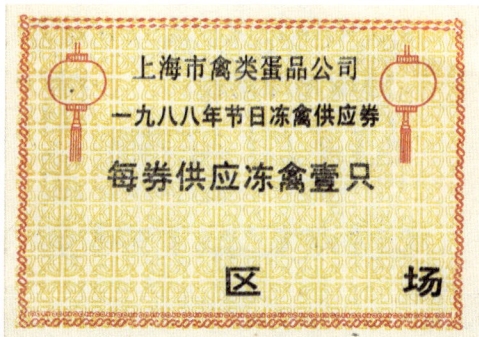

1988年上海市节日冻禽供应券

猪油票

猪油票基本是照顾卖猪给国家的农户。因油料紧缺，得票买到猪油后，炼成油用于煮菜。当时很多农民都想要猪油票，不愿要肉票。

浠水县猪油票

高鹤县固定油票

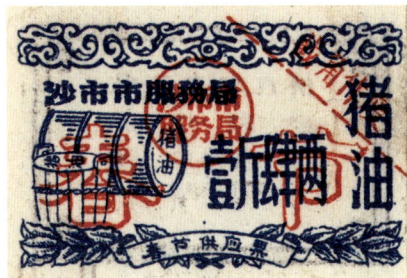

沙市猪油票

泰州市猪油票

蛋糖票

这张一两售蛋糖票由乡宁县1974年发行，凭证结算鸡蛋派购任务。派购鸡蛋任务一两，说明鸡蛋缺乏。

乡宁县售蛋糖票

鱼 票

从三年困难时期开始，由于粮食产量长期徘徊上不去，渔业生产受到粮食生产的影响，也长期处于短缺的状态，鱼类产品供求关系失衡，鱼虾很难得，农村养鱼也没多大指望，所以发鱼票也很少，甚至有些地区没有鱼票发。农村生产队有鱼塘，集体养有鱼的一年每人可有1—2斤分配，没有鱼塘的生产队，就难得吃鱼了。

上海市鱼票

武汉市地方鱼票

鱿鱼票、龙虾票、淡菜票

辽宁省铁岭市水产公司1989年春节发鱿鱼半斤，龙虾一斤，淡菜半斤，这三种属于海味，在当时比较名贵。当时虽然已经改革开放，但很多物资还是无法满足人民的需要，仍需凭票供应。

水产品购货票

咸鱼票

这张咸鱼票由广东省肇庆市水产公司1979年印发。当时虽然已经改革开放，但水产业还是跟不上人民生活需求，这张鱼票虽不标明数额，但还是成了咸鱼都要凭票供应的凭证。

福建省部队专用鱼票

墨鱼票

这张半斤墨鱼票由四川省渡口市（今攀枝花市）商业局1977年印行。当时猪肉、油料、蛋品都很短缺，墨鱼成了产妇很宝贵的营养补品。

渡口市产妇墨鱼票

沙市市鱼票

春节商品供应大票

1962年上海市发给市民过春节的各种副食品供应证，并分大户、小户（5人以上为大户，4人以下为小户）共有17个品种，分别是家禽、干果、蜜饯、蛋品、干菜、白酒、海味、龙头烤、粉丝、味精、黄酒、海蜇、大水果、啤酒、海带、小水果、糖年糕。

大户票

柴油票、石油票、汽油票

当年是集体才能拥有动力、机械、汽车、拖拉机，也才需要机油。但当时我们国家的口号是"自力更生"，不靠进口。当时只有现在十分之一的机械及动力，柴油、汽油还是紧缺，必须视动力、机械、汽车、拖拉机使用情况进行定量限量，凭票供应来渡过难关。

广西区石油公司 70 号汽油票

广州军区汽油票

中国人民解放军军用汽油票

277

昆明市人民汽车公司汽油票

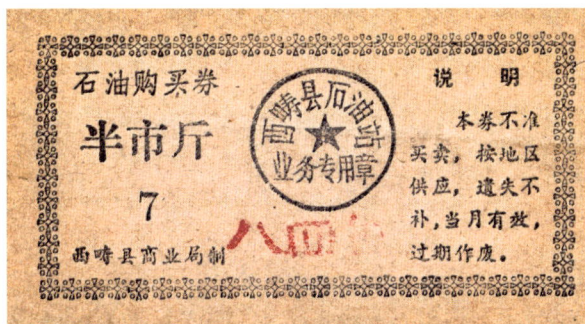

西畴县石油购买券

成都军区价拨指标油票 0号柴油

成都军区价拨指标油票 70号汽油

煤油票

　　20世纪50—70年代，农村及小城镇，晚上主要用煤油灯照明，煤油供求矛盾长期存在，加上三年困难时期，不进口美孚煤油，中国煤油非常紧缺。为了全面解决居民照明问题，国家实行限制定人定量供应或凭购货本供应煤油，每人每月2—4两不等。有些边远山区，有时还没有供应，人们只好上山采集松树上的松钉，因松钉带有松香，用铁丝编织一个小圆筛篮，放些松钉挂在墙上，点燃做灯照明用。

天长县煤油票

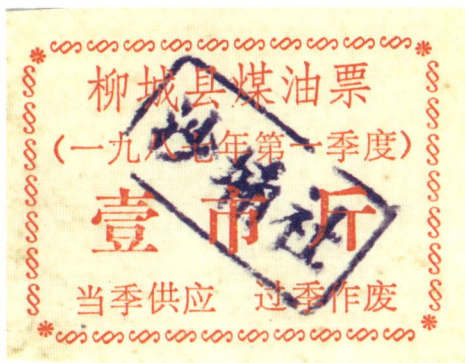

柳城县煤油票

德封县煤油购油证

福建省军用煤油票

上海市煤油炉券

西藏自治区煤油券

伊克昭盟灯用煤油票

购粮奖售煤油票

这张五两奖售煤油票，1961年由广西商业局印发。因为当时煤油紧缺，若想多用煤油，就得卖些农副产品给国家，国家奖励一些煤油票，凭票购买煤油。

广西壮族自治区购粮奖售煤油票

火柴票

小小一盒火柴，在三年困难时期，曾一度紧缺，居住在生产火柴工厂周围的群众，也同样受到限制。凭票供应或凭购货本购买，每人每月一小盒，人口多的家庭又没人抽烟的就用不完；如果是一两人的家庭，又有人抽烟，就不够用。

四平市火柴票

打火机用的火石，也同样靠分配供应，不过火石没有凭票供应，只是凭购货本按家庭抽烟人数供应，每个抽烟的人每月2—3粒。在这种限制供应下，也同样出现了火柴、火石黑市，火柴原价2分一盒，黑市价2角钱一盒；火石2分钱一粒，黑市卖一角钱一粒。有些

平南县火柴票

人则想办法自留火种，找些干杂草或稻草，结成一条粗大长绳，点燃火后，等它慢慢燃烧，随时可取火用。更有少部分抽烟的老者，学原始办法，用火镰及石头打火，装上易燃品，用这种击石出火的办法来解决用火问题。

巴东县收购农产品奖售专用票

煤 票

煤炭不仅是工业燃料，也是城镇居民的生活燃料，凭票供应时间较长。煤票一直使用到90年代初，按人口定量供应，其中有原煤、红炉煤、蜂窝煤、煤球、煤饼等。不同地区每人每月的定量不同，有些省市每人每月发蜂窝煤票额20—25个。有些地区对打铁及铸造业还发红炉煤票。

柳州市购煤票

局机关专用煤票

海口市煤票

机关职工 **煤炭票** 过期作废

79年 **9**月 贰拾斤

洪湖县机关职工煤炭票

成都市煤建公司
购煤证
乙 1990 18 1991 郊
№ 0013551

成都市购煤证

南昌市煤票
过月作废 贰拾伍公斤 **5**月份 当月有效
凭票供应
1991年

南昌市煤票

雅安市蜂窝煤供应证 **5**
乙 1992 伍月

雅安市蜂窝煤供应证

济南市煤票

1

肆拾公斤

第一季度

过季作废

40

1988

济南市煤票

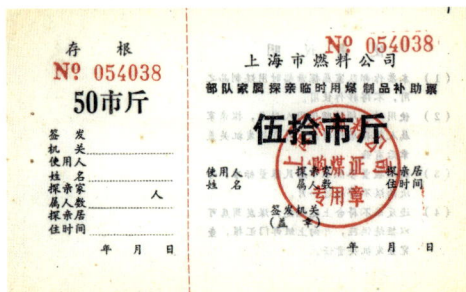

上海市燃料公司
部队家属探亲临时用煤制品补助票

存根
№ 054038
50市斤

№ 054038

伍拾市斤

上海市部队家属探亲临时用煤制品补助票

云梦县燃料公司民用煤票

1992年3季度

92年
3
季度
240
公斤

贰百肆拾公斤

№ 000435

季度有效 撕下作废

云梦县民用煤票

南昌市煤票

15 ☆ 5 月份

过期作废 凭票供应

当月有效

一九八九年

节约用煤

南昌市煤票

No. 0009201

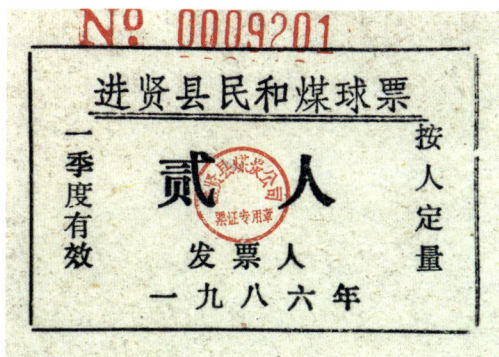

进贤县民和煤球票

一季度有效

贰人

按人定量

发票人

一九八六年

进贤县民和煤球票

南宁市煤票

伍只

1月

当月使用
过期无效

1992

南宁市煤票

重庆市中区居民煤票

遗失不补

4-6人

12

重庆市中区煤建
专用章

1990

重庆市中区居民煤票

重庆市南岸区生活用煤票

居民

1-3人

46

重庆市南岸区生活用煤票

救灾煤票

这张救灾煤票是颍上县燃料公司90年代初印发，面额100公斤。因当时当地发生严重灾情，人民群众没法找到燃料做饭，燃料公司为了解决人民日常生活的困难，印发这张救灾煤票。

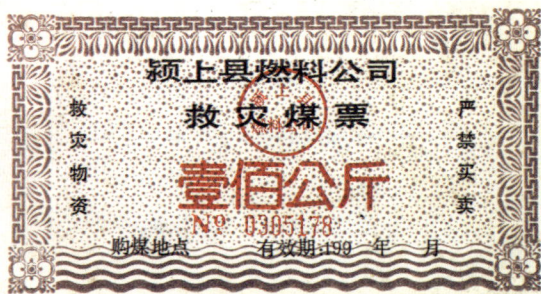

柴票、炭票、引火券、煤气票、液化石油气票

柴票：公社化后，一切山林归集体所有，禁止乱砍滥伐，柴火属集体所有，市面上没有柴卖，由集体凭票分配。

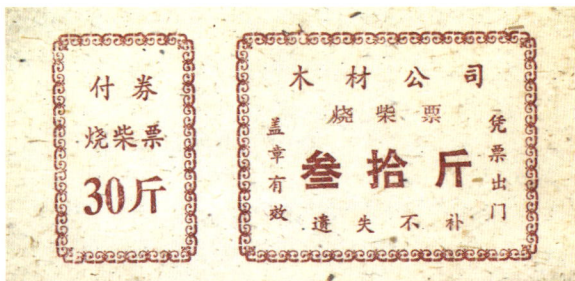

木材公司烧柴票

潍坊市柴票

炭票：木炭是一种难得的物品，只是照顾上山下乡知青，在冰霜雪地及晚上用来烤火取暖使用，并非人人都有，所以炭票更显珍贵。

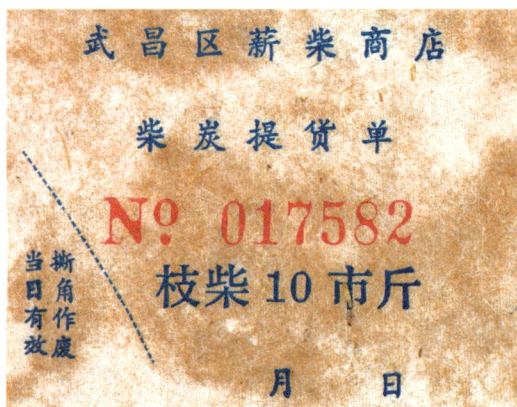

柴炭提货单

蚕桑木炭供应证

引火券：计划经济时期，一切归集体所有，碎柴火也不许私人拿一根，烧煤的人需要部分来起火烧煤，当时引火柴也紧缺，必须凭券供应，直至80年代中期，才敞开供应。

木材公司锯末票

煤气票，即液化石油气票。改革开放后，进入90年代初，人们开始使用煤气或液化石油气做燃料。液化石油气干净卫生，无污染，是理想的燃料，当时因供应不上，必须凭票供应。

饶平县购气票

钢材票、铜材票、铝材票、锌材票、生铁票

　　国家物资总公司和中国金属材料公司70年代印发了钢材票、铜材票、铝材票、锌材票、生铁票。当时"文化大革命"刚结束，百废待兴，建材供不应求，必须实行有计划的定量供应，而且仅限国家级单位有权发放这种金属材料票证，地方只有少量圆钉票、铁线票等的发放权。

钢材票

铝　票

锌　票

铸造生铁票

茹耳木票

京山县林业局20世纪80年代印发这种木材采伐证，注明茹耳木10筒。茹耳木是繁殖香菇木耳等的原材料，规定长度按数量砍伐、运输、销售。这是木材管理的一种制度。

石灰票

20世纪五六十年代，因柴草燃料紧缺，人们日常的燃料如柴、草、煤、炭等实行按人定量供应。烧石灰在南方主要用柴草，北方用煤，加上烧石灰的燃料用量大，因燃料短缺，烧石灰也随之减少，石灰生产无法满足工农业生产及人们日常需求，只有按产量，定量供应。

石碴票

这张石碴票由徐州市社会福利建设采石厂1957年印发，面额一筐。本来石料遍地都是，为什么要凭票供应呢？主要原因是计划经济时期很少安排劳力去开采，致使供求不平衡，不得不凭票供应。

火药、雷管票

这两张火药、雷管券由焦西矿局1964年印发。火药属于爆炸品，按国家法律规定严格管理，任何单位及任何个人不得私自生产及收藏，否则便属违法行为。从这两张票可以看出，它们属矿山所有，打多少炮眼经检查属实，才按炮眼数量发放使用，不能随意领取。

炸药（炮）票

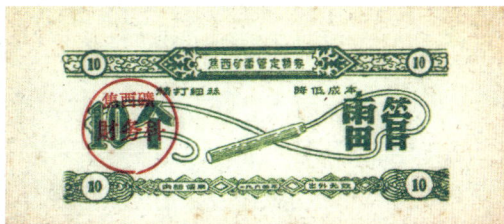

雷管票

桐油票

很多人不知道桐油的大用处，只知道用来油些家具及木水桶、木脚盆等，但农民要用半斤，还得分配凭票供应。一张票面半斤的桐油，可够油一对木水桶或一个木脚盆。

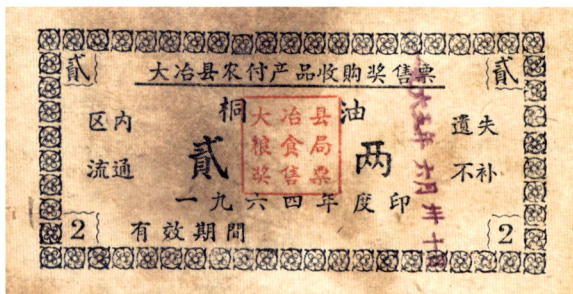

大冶县桐油票

茅竹采伐证

这张茅竹采伐证由万安县林业局1989年印发，面额10根。自《中华人民共和国森林法》颁布后，对木材、竹材的砍伐，需申请批准并领取砍伐证，按批准的数量砍伐，无证乱砍滥伐要追究法律责任。

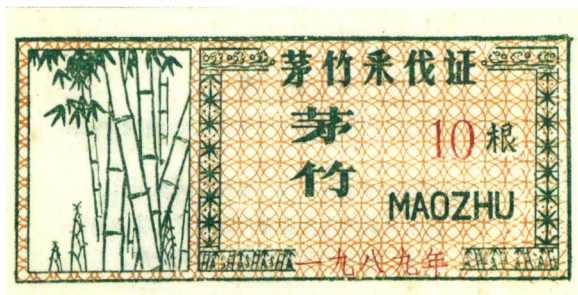

万安县茅竹采伐证

楠竹票

这两张楠竹证，分别为楠竹作材料所用。枯楠竹还可作补充用途，但次楠
竹是没有多大用途，只可作柴火使用，由于当时柴火供应不足，当然也得凭票
购买了。

楠竹证

竹子证、篙竹票

这些竹材都要凭票供应流通，连枯竹不能做材料用的也还要凭票供应。一根
竹子可用来晾晒衣服，需篙竹票才能买到。

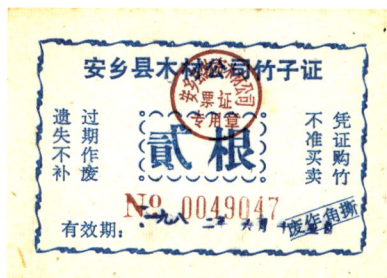

竹子证　　　　　　　　　　　　　　篙竹证

木材证

20世纪80年代中期前，刚改革开放三五年，各项建设开始复苏，各地大兴土木工程建设，需要大量建筑材料，木材尤其供应不上，需凭票供应。直到80年代末，木材才全部敞开供应。

木材流通券

木材票

购木证

为保护自然环境，保持水土生态平衡，加强制止乱砍滥伐，砍伐树木要有严格审批手续，购木更要凭计划供应。

购木证

坑木票

坑木是矿山开矿井撑顶材料。这些坑木票由焦西矿1964年印发，供内部使用。

焦西矿材料定额券

筐片帘卷购买券

1964年焦西矿印发筐片帘卷购买券，面额1元、5元、10元不等。票中印有"精打细算，降低成本"字样及算盘一个，当时物资短缺，凭票供应，还用图中这个算盘警示人们：一切都要珍惜财力物力，不得浪费。

焦西矿荆材购买券

第六部分

农业用品票

各地饲料票

在粮食定量年代，牲口也不例外，不得多食多占，如一匹劳动的马，每月定量统糠150斤；不劳动的老马及幼马减半供应。生猪分大、中、小三等定量供应饲料，小猪每月15斤，中猪每月30斤，大猪每月40斤，母猪每月50斤，均是供应统糠，各地亦有不同标准，有些地区用麦糠或豆饼搭配供应。集体养的鸡、鸭也有部分饲料供应，个别私人家庭饲养的鸡、鸭、鹅、狗，国家就无法安排饲料供应了。耕牛是农家宝，一年到头拉犁拖耙，人们万分感谢它们，但粮食类规定没有供应牛的饲料。

贵州省饲料票

贵州省地方饲料票

河北省饲料票

陕西省通用料票

广西省料票

广西壮族自治区地方料票

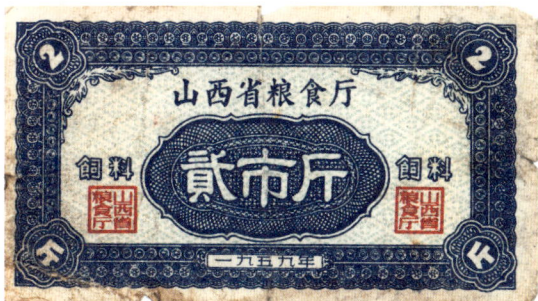

山西省饲料票

济南市
饲料票
麦麸
壹斤
济南市粮食局制
有效期　年　季

山东省
料票
Ⅷ 0846291
伍斤
山东省粮食厅製
1955

山东省
料票
Ⅷ 1346577
貳斤
山东省粮食厅製
1955

山东省料票

浙江省饲料票

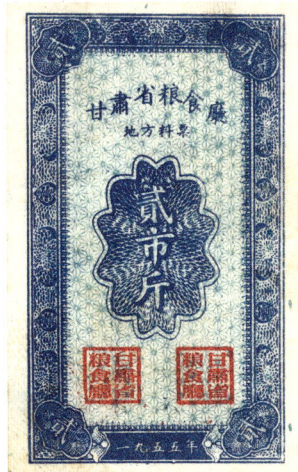

甘肃省地方料票

吉林省地方料票

内蒙古自治区地方料票

黑龙江省地方料票

湖南省饲料票

青海省地方料票

热河省地方料票

上海市饲料票

西藏自治区地方料票

云南省饲料票

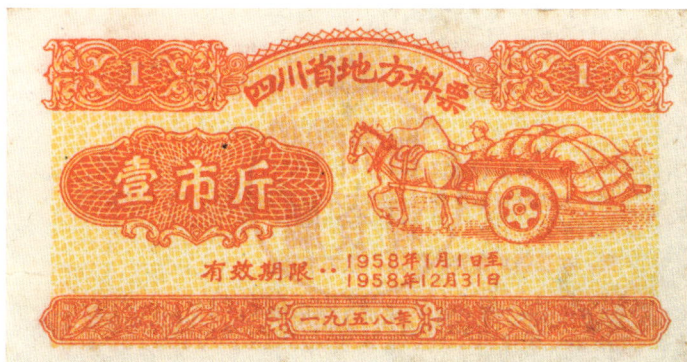

四川省地方料票

各地农业物资购买票证卡券

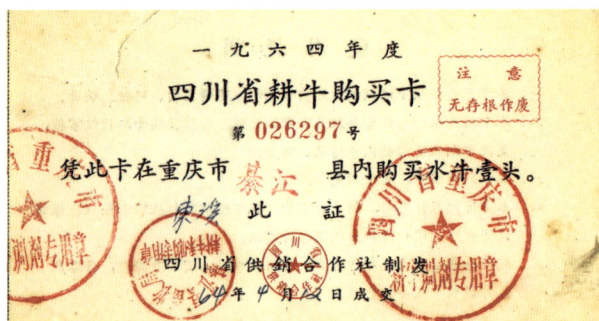

四川省耕牛购买卡

保定市肥猪饲料购买证

嘉鱼县农业生产资料购货券

瑞昌县饲料票

沙洲县精饲料票

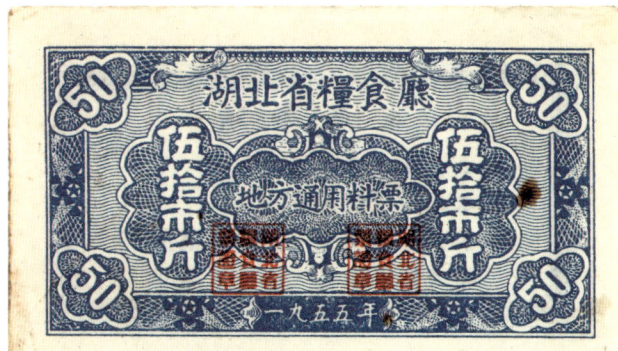

湖北地方通用料票

二两半化肥票

这张二两半化肥票是1962年文成县供销社印发的油料奖励化肥票。60年代国家化学工业还很落后，化肥大部分靠进口，因此从这张奖励二两半的数量就可以看出当时国家的化学工业的发展情况。要知道，这二两半化肥票是要靠卖油料给国家才能得到，如没有农副产品出售给国家，这二两半化肥也是买不到的。

文成县油料奖售化肥票

无锡县农具券

粪勺券

粪桶券

五三步犁、铁耙购物证

这些都是农具，农民用来种田地，耕种、收割少不了它们，当时是计划供应时期，钢铁材料紧缺，生产出来的各种农具不能满足农民需求，要凭票供应或奖售供应。

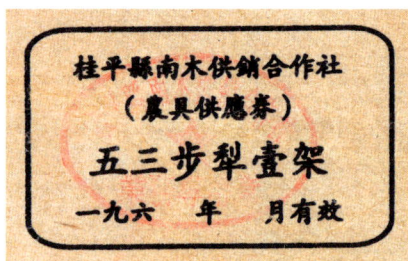

五三步犁票

铁耙票

十字镐证

这张十字镐证由桂平县南木供销社1963年印发。十字镐是挖土石的最好工具，因是全钢打成，当时生产也比较少，加上钢铁指标限制，看这张票可以了解当时情况。

十字镐证

锄头票

这张锄头票由桂平县石嘴供销社1961年印发。当时正值三年困难时期，锄头是农民种田必用工具，但钢铁紧张时，不管你多么急需，也还是凭票供应。

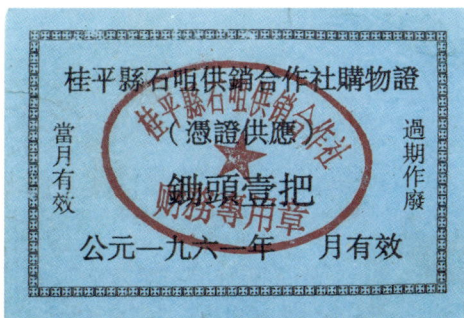

桂平县锄头购物证

棕皮蓑衣证

这张棕皮蓑衣证由桂平县石嘴供销社1961年印发。棕皮蓑衣是较好较耐用雨具，一件棕皮蓑衣可使用十多年，因很少人生产，加上大集体时不把这些事列入生产范围，因此物以稀为贵，一般百姓怕是轮不上。

棕皮簑衣证

317

平桥供销合作社奖售券

　　这些东西都是农民所用，自己加工的。在大集体年代一切人力物力均是集体所有，没有私人原材料，不准个人搞私活，只靠集体组织部分人员去加工，所加工出来的东西，也不够分配，只好凭票供应或奖售供应，有些地区，不用凭票供应，靠集体生产集体分配。

平桥供销合作社奖售券

肥料票

从20世纪60年代至80年代，中国的化肥大部分靠进口，国家为发展农业生产，只有按农业田亩分配，还是求大于供。国家为了多收购部分粮食、棉花、油料，把部分化肥作为奖励使用，如多卖100斤稻谷给国家，奖给你15斤化肥票（尿素）；多卖10斤花生油给国家，奖你10斤化肥票。有些地区奖励布票，有些地区奖励棉花票、鞋票、煤油票等。

高县碳铵供应票

上海市粮食合同定购化肥票

柳州市奖售化肥票

开封市氨水票

广西化肥奖售票（磷肥）

砚山县承包土地挂钩碳铵票

太原市粮油奖售化肥购买票

氮肥票

这张公购粮奖售化肥票由武宣县三里粮所1988年印发，此时在该县肥料尚未供应满足，政府为了公粮及购粮早日入库完成任务，拿部分氮肥作奖售供应。

清尿票

这张清尿票（1000斤）由成都市清洁管理所1979年12月印发。这张清尿票看起来大家可能要笑：尿这么臭还要凭票供应？但在计划经济时期，工业不发达，化肥少，搞农业生产缺不得肥料，肥是农家宝，肥料足农业就会有好收成，农民生活就好过，因此农业单位就会想到城市环卫处求援，环卫部门不能满足要求，要按计划凭票供应。改革开放后工业科学发达，化肥能满足需要，大粪及尿没人要了，政府得设法找地方处理，对比起来真是巨变。

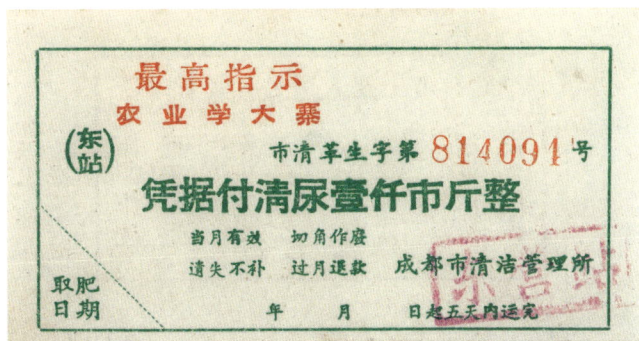

大粪票

在农业学大寨年代，因当时化肥不足，大家都得利用大粪进行农业生产。由此，就得找城市环卫处凭票供应。

芜湖市拾粪证

成都市大粪票

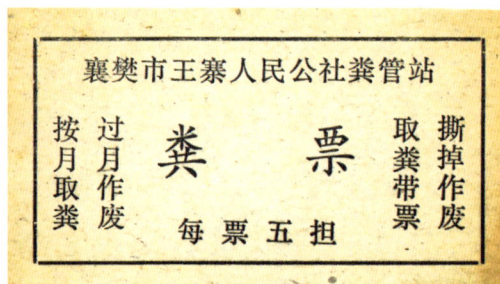

襄樊市粪票

人粪、猪粪票

1963年福建省福州市建新公社后曹生产队印发这两张人粪、猪粪票，按当时旧制，7磅等于4.5斤。在工业落后的农业大国，化肥靠进口，连粪便都要凭票分配供应。

人粪票

猪粪票

米渣票、粉渣票

这两种票分别由徐州市酿酒厂和蚌埠粮油公司印发。酿酒厂酿完酒剩下的废渣，没有什么大用途，只可作饲料，由于求大过供，只好凭票供应。

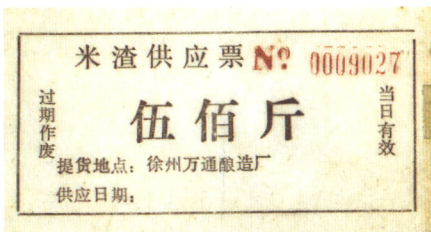

米渣票

粉渣票

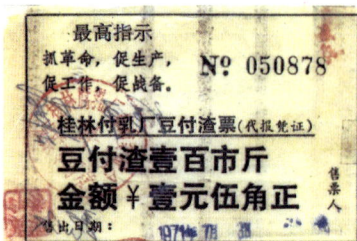

豆腐渣票

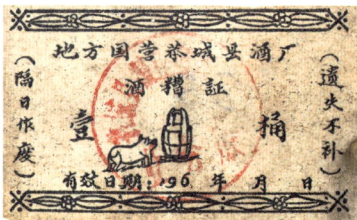

酒糟证

豆腐渣票、酒糟证

这两张票证分别是桂林腐乳厂及恭城县酒厂印发，在饲料紧缺时，酒糟、豆腐渣都是上等饲料，其身价也提高了，凭票供应并不稀奇。

奶牛饲料票

宁波市粮食局印发的奶牛饲料票，是从国家粮食部门抽调些粮食平价供应给奶牛作饲料，以促使提高牛奶产量，满足市场需要。

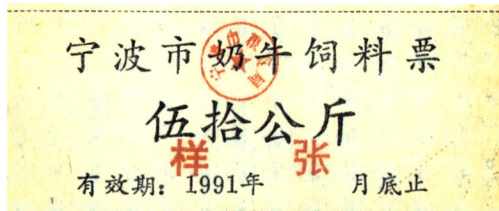

奶牛饲料票

成活小猪饲料粮供应证

万宁县粮食局1971年印发成活小猪饲料粮供应证，是为了鼓励个人养母猪发展养猪业，以解决人们肉类及油料的需求问题，对出生成活的每头小猪补助原粮（稻谷）五斤作为精饲料。

成活小猪饲料粮供应证

派购猪饲料供应证

在生猪实行派购年代，广东省顺德县按户及人口定派购任务，约三人每年要养一头猪卖给国家。但养猪需要饲料，因此国家按大、中、小三个等级供应猪饲料，不得多买。从这供应证就可看出当时猪饲料都要凭票供应实况。

派购猪饲料供应证

小牛出生证

广东郁南县附城公社1967年发放的小牛出生证。为什么小牛出生有证明呢？当时农业机械比较落后，靠牛犁耙田地，所以必须发展畜牧业，这张小牛出生证第四点明确规定，该小牛出生六个月成活，才有奖励。第五点奖励每头小牛减免七十斤公粮金额的奖励款，并规定其奖励全部给饲养员，这样，每个饲养员都会积极保护好小牛及母牛。

小牛出生证

农牧业用盐专用票

为了照顾农牧业，国家专门给耕牛、羊等牲口配发食盐，国家对此种盐实行减免税收，不准人食用，查出人食用，按税法处理。

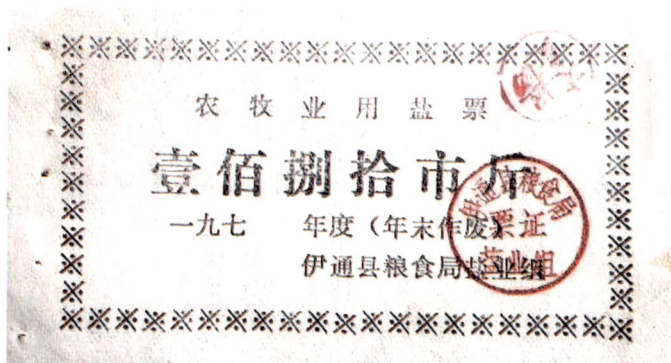

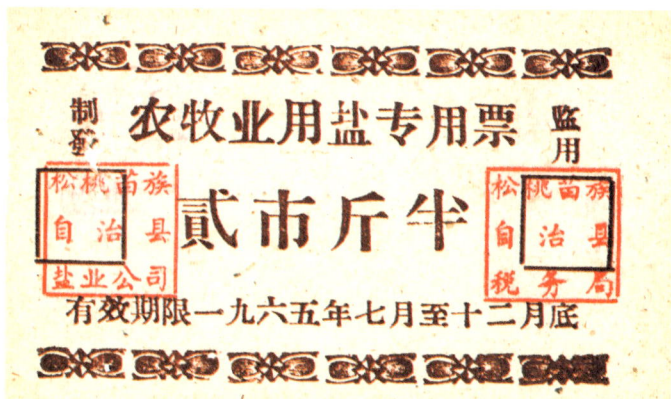

农牧业用盐专用票

工分票

农业转入合作化后，农民劳动实行按工分计酬，种田为农业包工工分；养猪、鸡、鸭、鹅为副业包工工分；基建修理为基建包工工分；零星工种，为非包工工分。这些工种的工分，按照生产大队代表会制定劳动定额为标准，每个工种都有劳动定额。如种一亩田，定额为30分工分，记分员就把30工分票交给去种田的人，3人或5人去种，按规格、质量、数量种完后，由这几个人评比，分这30分工分票，各自保管，到月终，各人把自己一个月劳动所得的工分票，交给记分员记账，到年终，按工分分红。

劳动时间票

副业工分票

农业生产合作社工票

农业社非包工工票

农业生产合作社基建工票

农业生产合作社包工工分票

觉悟票

这种工分票是为了考核劳动好坏，分红绿两种颜色。对劳动好、踏实、干劲大的人，发红色票；对劳动差、没干劲、不能按时上工的人，发绿色票。这两种票是刺激好与坏、积极与散漫的见证。

觉悟票

干部会议误工工分票

江宁县上峰人民公社1964年发行这一种干部会议误工工分票。当时农村人民公社、大队小队干部是靠劳动得工分分红，维持家庭生活。参加各种会议，误你的劳动工作，记回工分给你，回生产队入账、年终按工分分红。

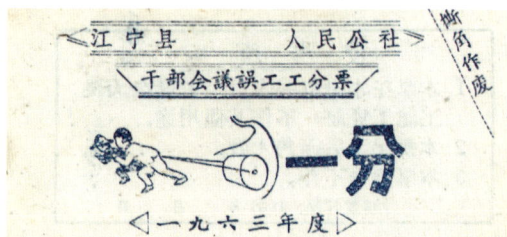

干部会议误工工分票

义务劳动工分票

为什么义务劳动还要发工分票呢？因为义务劳动，当时是公社一级需要劳动力去做工，如修桥补路、兴修水利等。从生产队抽调小部分劳动力去参加，如果生产小队不给工分有谁肯去干呢？不但给的工分比在队劳动的工分高，而且还要补助些粮食才有人肯去，所以这种工分票叫义务劳动工分票，其实是生产小队义务，社员还是要工分到年终用来分红的。

义务劳动工分票

代耕工分票

这种代耕工分票由临汾县人民政府1951年印发。这种最早的工分票当时是为了优待农村种田的无劳动力、军工烈属，政府请人帮他们耕田收割等。政府按工种时间付工分票，做工者每季度将工票拿到村乡优抚委员会去兑钱或领粮食。

代耕工分票

蔬菜工分票

20世纪50年代末60年代期间，各地农业社生产大队都改变成大集体，吃大锅饭，实行按工种包工定工定酬的办法。这张票是种菜工分票，你种的多少菜值多少工分，经统计工分可知道社员全年种多少菜用多少工。

蔬菜工分票

牧牛工分票

从成立农业合作社开始，牧牛都是固定工分，分水牛、黄牛、小牛来定每头每天的工分。你看养多少头，每天共多少分，按统一的标准计算。当时饲养牛分三种人：一是用牛的人早晚犁耙田地；二是半劳动力，常年有病或残疾人；三是老年人及小孩。牧牛工分票专为饲养员印发，生产队年终方便统计。

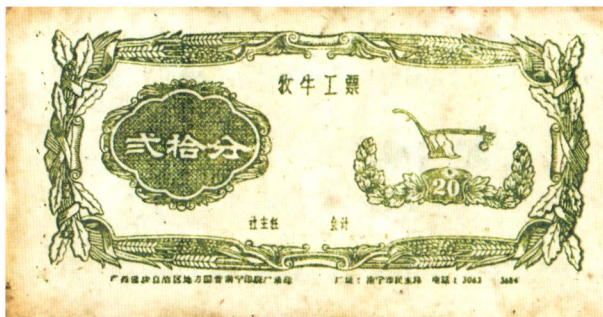

牧牛工分票

烟　票

在计划经济时期，尤其是三年困难期间，烟民们也要精打细算，因为香烟也要实行定量供应。即便如此，好的卷烟在市面上基本没有摆卖，只在友谊商店（华侨商店）有卖，但价格昂贵，只按兑换券或侨汇供应证供应。

在市面上出售的卷烟有红灯牌、转运牌、经济牌等。经济牌香烟虽不需用烟票买，但此烟基本不是烟叶来卷成，而是用烟粉、烟梗等切碎卷成的，即便如此，这种烟有时还没有供应。香烟不仅凭票供应，还分甲乙丙三级，农村烟民没有发烟票，只好买经济牌香烟，如果经济牌香烟没有供应，只有自力更生，找集体种烟收完后的烟秆、烟梗切碎或擂成粉，用旱烟斗来抽。烟瘾大的烟民经常"断饮"，只好找野生艾草晒干搓成粉来代之了。

1963年起，国家为了照顾农村烟民，对多卖粮及农副产品给国家的农户，奖励一些烟票，当时有句顺口溜说："想吸烟，少吃饭。"

结婚烟票、结婚糖果票

这种结婚烟票、结婚糖果票由武汉市第二商业局1962年印发。人们在结婚时，国家都想到特为印发结婚烟票一份，结婚糖果票一份，一份是多少则视当时物资情况而定，使结婚者有烟有糖待客。没结婚的就无法享受这种待遇了。

武汉市结婚烟、糖票

烟丝票

在卷烟紧缺凭证供应的年代，烟丝也同样紧缺，这张二两烟丝票由兰州市商业局印发。不要小看烟丝票，对烟民来说这二两烟丝可是10天左右的"口粮"。

兰州市二两烟丝票

335

奖励烟票、节日烟票、特种烟票

山西省购粮奖励证 纸烟票

福建省秋粮奖售烟票

贵州省出售木材奖售香烟专用票

西安市节日卷烟特供票

太原市卷烟照顾证

江苏省粮棉油奖售烟票

湖北省奖售香烟专用票

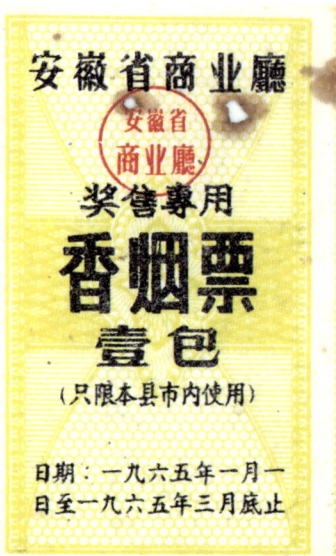

安徽省奖售香烟票

上海市华侨特种供应票烟票

烟筒票

20世纪60—70年代，卷烟、烟丝供应对烟民来说是个问题。所有卷烟靠分配凭票供应，农民基本没有烟票发，连次品烟丝也要凭票供应。烟筒是抽烟工具，在凭票供应的年代，也要凭票购买。

北京市烟筒票

糖　票

　　食糖短缺对正常人构不成什么大威胁，但对老、病、残、弱的人们来说却是问题。在物资短缺时期，食糖也同样凭票供应，城市人口包括所有非农业人口，每月每人定量半斤，有时一斤；农业人口凭购货本供应每人每月半斤，1960年至1962年食糖基本很少供应。

婴儿糖票

贵阳市婴儿糖票

南昌市婴儿糖票

昆明市城镇婴儿糖票

西安市婴儿食糖票

产妇糖票

天门县产妇糖票

监利县产妇食糖专用票

福州市分娩专用糖票

渡口市产妇红糖票

特需糖票

老红军、老干部食糖票

武汉市食糖号票

儿童糖票

南宁市食品杂货公司1964年印发这种儿童糖票，是政府为了照顾儿童的健康成长，除每人有一份外（但并不是经常有供应），还对儿童专发一种儿童糖票，是对儿童的照顾及关怀。

南宁市儿童糖票

病员糖票

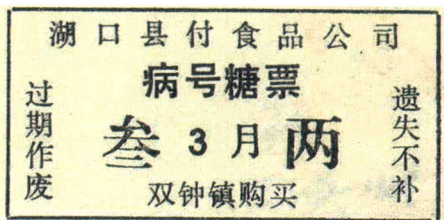

湖口县病号糖票

重庆市市中区产妇、病员糖票

红糖票

和林县红糖供应票

郑州市红糖票

售蛋糖票

由于病人、小孩、老人等对食糖有需求，政府为解决这一问题，用食糖指标来兑换农民的蛋品，这种票券就叫售蛋糖票。

京山县鲜蛋奖售糖票

糖精片票

这种糖精片票由中国糖业烟酒公司上海市公司1963年印发，分大户、小户，虽然不标明面额，但也不会多供应。糖精是矿物糖，又属调味品，在食粮紧缺时很多人都想购买，但当时在小城镇及农村基本没有供应，只有大城市才有微量凭票供应。

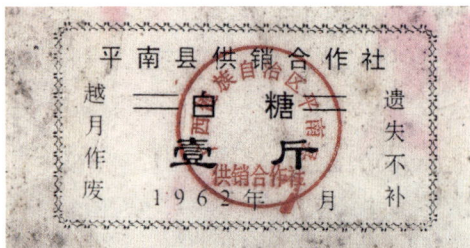

平南县白糖

酒 票

在计划经济时代，粮食紧缺，玉米、红薯、高粱等都被列入主粮，酿酒原料少，供不应求，所以各种酒类也同样凭票供应。但所发酒票并不多，也不是每个人都发。每逢节假日，发放的节日供应票中有一份是酒，可以买一瓶酒。如果不喝酒，可换购半斤粉丝或饼干。

当时所发的票有酒票，是普通酒类，白酒票、黄酒票等，进入70年代末80年代初，啤酒、汾酒、西凤酒、竹叶青酒、土酒、茅台酒凭票都有供应了。

白酒票

1978年，临海县糖烟酒菜公司印行以粮换薯干酒票半两。这张票标明以粮换薯干白酒半两，并不是主粮酿的。这半两酒，不但要粮食换还要凭票购买。

以粮换薯干白酒票

分娩专用酒票

福州市食杂采购供应站1978年印行分娩专用酒票，面额一斤。在粮食紧缺时酒料少，所以酿酒不多，都是凭票供应，为照顾产妇能有部分酒饮调理身体，专门印发这种酒票。

分娩专用酒票

土酒供应券

这张酒票，属于土酒，不是主粮所酿。五两土酒，也要凭票供应。

土酒供应券

梨子酒票

罗田国营酒厂80年代印行梨子酒票，面额一斤。在酒类少时，发明了梨子酿酒，这种滋补的酒，当然也要凭票供应。

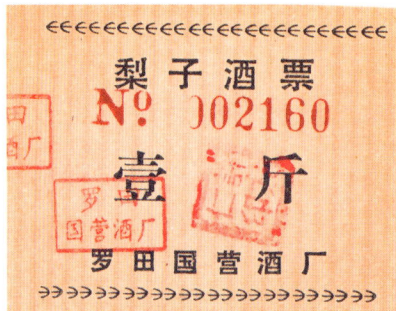

梨子酒票

啤酒供应票

上海啤酒厂1988年印行的这张啤酒供应票，标明天鹅牌啤酒一格（24瓶），还要自带空瓶调换。

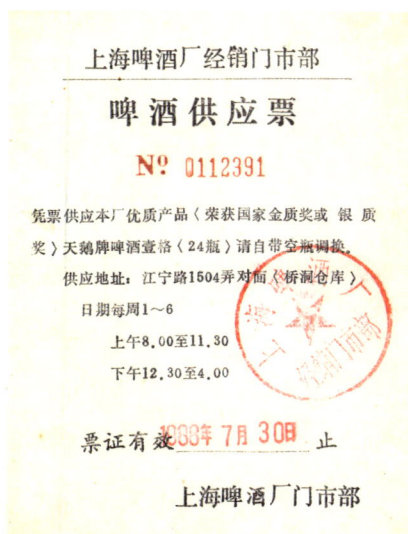

上海啤酒厂经销门市部

啤酒供应票

№ 0112391

凭票供应本厂优质产品〈荣获国家金质奖或银质奖〉天鹅牌啤酒壹格〈24瓶〉请自带空瓶调换。

供应地址：江宁路1504弄对面〈桥洞仓库〉

日期每周1~6

上午8.00至11.30

下午12.30至4.00

票证有效1988年7月30日止

上海啤酒厂门市部

其他类型酒票

四川省泸州市酒票

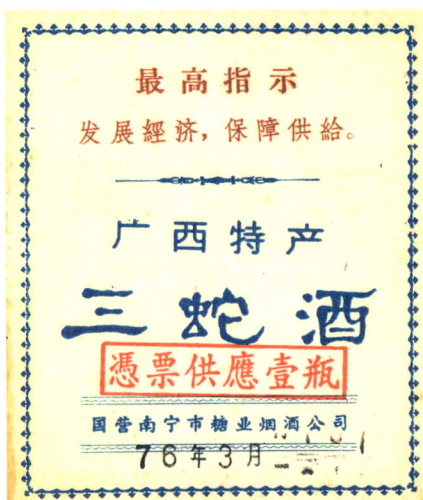

南宁市三蛇酒票

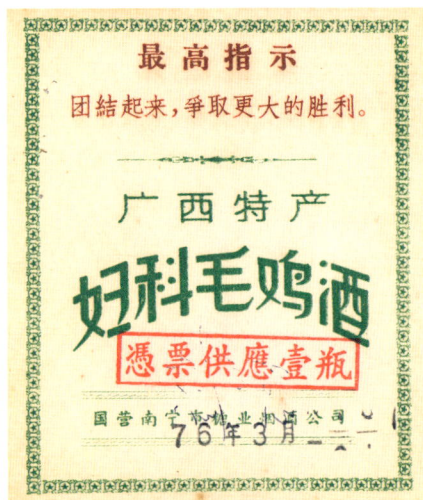

南宁市妇科毛鸡酒

昆明市白酒票

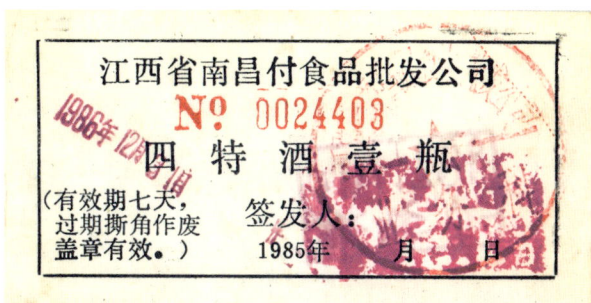

南昌市酒票（四特酒）

绍兴黄酒票

淮北市商业局
酒票
当季有效
隔月作废
1973年10月份

淮北市酒票

平南县供销合作社
酒票
糖泡酒壹斤
1962年 8 月份

平南县糖泡酒票

最高指示
备战备荒为人民。
团堡供销社
白酒票
限69年 柒拾壹 月止

团堡供销社白酒票

盐　票

　　我国是产盐最多的国家，有海盐、田盐、岩盐，但在计划经济时期，大量盐源没法采制。随着各种物资供应短缺，食盐也开始定量，按人口供应，每人每月1斤，有些地区每月每人1斤2两，有些地方凭购货本注明的人口数供应，有的地方发盐票供应，不管什么方式都是按人口限制定量供应。当时就整体来说，盐是能够满足食用的，但定量供应。人口多的或小孩多的，盐吃不完；人口少的，大人多的就不够吃。吃不完的就囤积起来，不够吃的就发生盐荒。有余有缺，就会有黑市买卖，当时黑市生盐每斤卖8角钱，商业定价每斤1角6分钱。

文山壮族苗族自治州食盐票

呼和浩特市牧业减税用盐供应票

凡昌县盐票

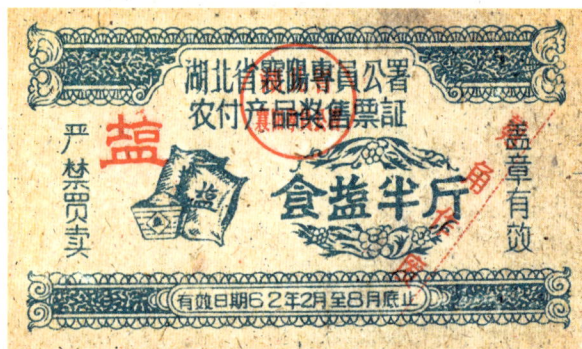

湖北省襄阳专员公署农副产品奖售票证 食盐

黔南州食盐供应券

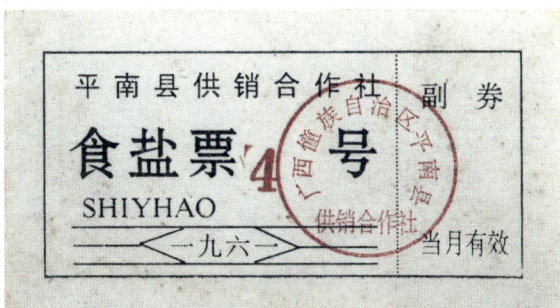

平南县食盐票

津市盐业站食盐腌制票

酱油票

酱油是烹饪调味品，用粮食加工制作而成。粮食紧缺时，酱油生产也受到限制，产量少，市场就会出现求大于供，需凭票供应。

酱油票

醋　票

醋也是烹饪调味品，是用粮食或糖制作。粮糖紧缺时，醋的生产也受到限制，生产少了，市场就供不应求，当时人们虽然对醋需求不大，但还是要凭票供应。

醋　票

茶叶票

我国是茶的发源地，茶在人们生活中扮演着十分重要的角色，是人们的生活必需品。在计划经济时期，同其他生活必需品一样，茶叶也要凭票供应。

茶叶票

第八部分

微
量
票
证

微量粮票

这张一钱粮票1960年由南京粮食局发行，粮票图案还是画"大跃进"年代麦子高过人，一个农民挑两筐麦子满满堆起来，象征农业大丰收。一钱等于5克，一钱大米约218粒。如果用印刷粮票的成本钱来计算，印刷一张粮票按2分钱计，10张粮票是一两，其成本2角钱，当时大米每斤价1角钱，卖一两大米是1分钱，印刷粮票成本价是买一两大米的数倍。从这张1钱粮票，就可以看出当时粮食贵如金。

南京流动购粮证 一钱

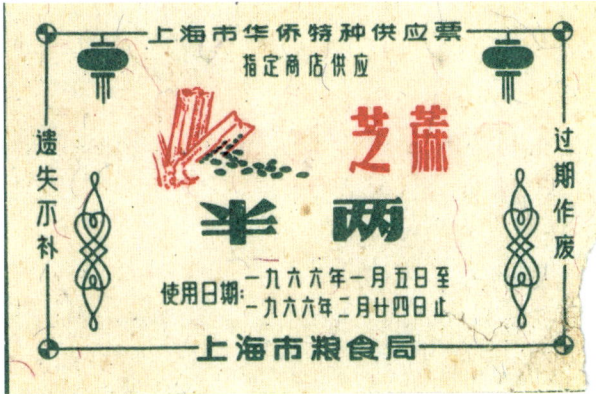

上海市华侨特种供应票 芝麻 半两

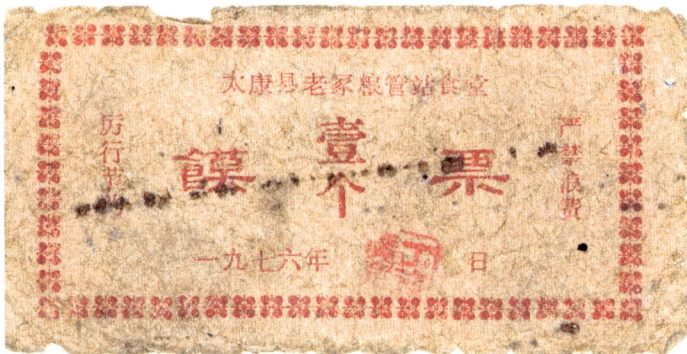

太康县馍票 一个

一钱售蛋奖粮券

此票由河北省保定市城关镇粮管所1961年印发，以弥补出售鸡鸭蛋给国家的人。

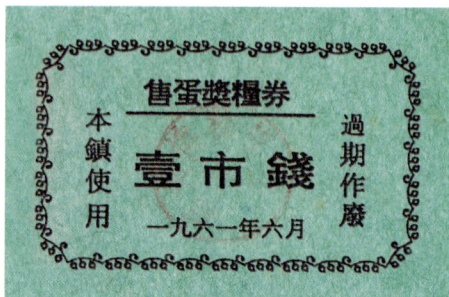

二钱肉票

此票是广西壮族自治区印发的侨汇购物票。国家当时并没有提倡大搞外汇，但国家及各地方政府对有从外国汇款回中国的人，按汇款回来数额并按各种紧缺物资比例，补助一部分票证。

一两猪什（杂）票

此票由广东省新会县食品公司1962年发行。猪肉短缺，猪杂也同样实行凭票供应，但一两猪杂，若是猪大肠，只有2厘米长。可想这一张一两猪杂票有多重要。

三钱肉票

此票是上海、福建、广东、广西在困难时期发给华侨的特种供应券。

超大面额粮票

高邮县粮食指标划拨票 二万斤

上海市粮食支拨书 一万四千斤

微量油票

一分钱油票

1958年辽宁省岫岩县粮食局发行地方油票，这张油票可买0.5克油，买一两油需要这样的油票100张。每张油票印刷成本价按2分钱计是2元人民币，当时油价每斤8角，买一分油价为0.8厘，印刷费为2元，是油价是250倍，国家为了每个人都能得到微薄的1分油付出很高代价。按当时的物资数量分配，每人每月定量3两，每天定量为1分。

五分五厘油票

这枚油票由河南省镇平县粮食局1965年发行，面额为五分五厘。当时食油价每斤8角钱，一两油8分，一两油要18张油票，印刷这18张油票，每张按2分计共3角6分，印刷一两油票的成本比一两油价高4.5倍。

蝎子奖励油票

镇平县医药公司1971年印发这种奖励油票。国家为了收购到贵重药材——农民养的蝎子，奖励一些油料票给卖蝎子的人，是一种等价交换方式。

食油供应证

这张1.3钱油票，1965年11月1日至1966年6月底由山西省赛汾县发行，使用期为7个月。该县当年供应是每人4两油料，一天食油是1.3钱。

广西购食油证 三钱

怀集县县内流动购油票 一钱

岫岩县地方油票　五分

广州市华侨特种商品供应证　生油　四钱

佛冈县流动购油票　七分

哈尔滨油票 一钱

南康县流动食油购买票 一钱

微量布票

一厘米布票

新疆维吾尔自治区商业局1980年发行一厘米布票，这一厘米布票等于三市分，刚够小姑娘做条扎头发辫绳。这么微小的布料，还要凭票供应，真是"半纱半缕，恒念物力维艰"。

半两棉花票

1961年下半年，宁夏回族自治区商业厅印发这张半两棉花票。正值三年困难时期，物资紧缺，制作一个刚出生小孩的棉背心都要三四两棉花，按这张票值就得要6—8枚才能购得。

宁夏回族自治区 棉花票 半两

一钱线票

这张一钱线票由云南省革命委员会商业厅1969年发行。这张一钱线票很珍贵，最好的布料没有它就不能合成衣服，衣服破烂没有它就不能缝补起来。

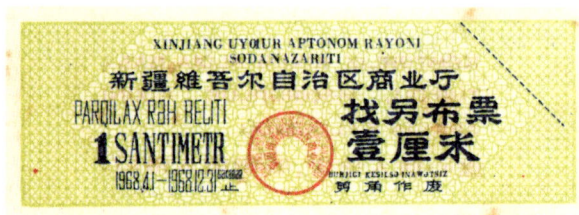

新疆维吾尔自治区 找零布票 一厘米

广西壮族自治区侨汇商品供应证 棉布 二分

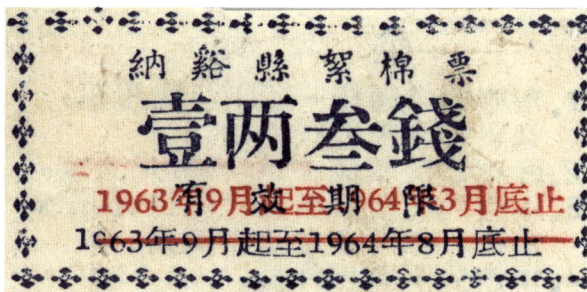

纳溪县絮棉票 一两三钱

云南省棉线票 一钱

微量购货券

0.1 张购货券

这两张 0.1 张购货券票中标明日用工业品，全国各省、市，不同时间，也同样发行，其主要用途是购买日用工业品。买一个口杯要 3 张购货券，买一个 20 厘米口径的小铝锅要 5 张，买一个热水瓶要 5 张，买一个桶要 15 张，如果需要买一个铝桶，用这种 0.1 张券，就得要 150 张。这些购货券是发给工薪族的，约按每10 元工资发一张。

桂平县购物证 缝纫机针 五枚

开封市工业品购货券 一厘

微量生活日用品票

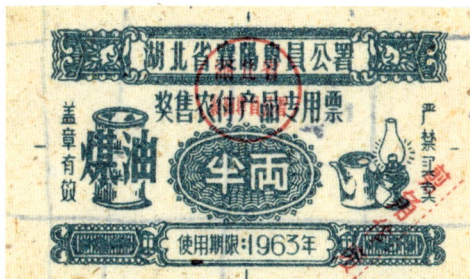

湖北省襄阳专员公署 奖售农副产品专用票 半两（煤油）

常德市供水公司供水票 半担

沔阳县收购鸡蛋 洗衣粉票 二两

上海市华侨特种商品供应证 0.1块 肥皂票

烟、酒、糖等副食品微量票证

上海市华侨特种供应证 0.1张烟票

广西侨汇商品供应证 0.2包卷烟

广州市华侨特种商品供应证 食糖 五钱

糕点类、豆制品类微量票证

半两豆腐票

1977年，福建省福安县粮食局印发副食品供应票，细粮半两豆腐。而据当地人说是供应半两豆腐干。在粮食紧缺时期，豆类都作主要粮食了，国家拿出小部分豆类来制作豆腐已经很不错了。这张票不管是半两细粮或是半两的豆腐，都是很微小的数量了。

面包供应票

1983年，璧山县粮食局直属粮油管理站印发面包供应票，面额一个，但此种票是要扣粮食指标、用大米或粮票去兑换的，且不能随意去买，需要粮、钱、票三者备齐。

其他类微量票证

文成县油料奖售化肥票（二两五钱）

半两油条票

　　这张半两油条票由江西省福安县粮食局1977年发行。半两油条，也要凭票才能买到。

半两糕点票

　　这张半两糕点票由江西德安县粮食局1964年发行，半两糕点不够半口，可仍得凭票购买呢。

安徽省碱粉票 一两

呼和浩特市牧业减税用盐供应票 一两

一两购粮奖售煤油票

这张购粮奖售煤油票由广西商业厅1961年印发，面额一两。在三年困难时期，煤油紧缺，这一两煤油票还是卖粮食给国家才获得的奖励。

一两羊肉票

这张50克（一两）羊肉票由北京市第二商业局1986年印发。在首都北京，一两羊肉还要凭票供应，这证明虽已改革开放，但步伐还赶不上需要，物资定量分配还在继续，不能敞开供应。

三钱鱼票

这张华侨特种供应票由上海水产公司
1963年印发。这三钱鱼票是对华侨的一种特
殊照顾，一般人是无法享受的。

半块肥皂票

这张半块肥皂票由福州市百货公司1962年印发。在物资短缺年代，肥皂原
材料靠各种植物油加剂制作，各种油料紧缺，肥皂生产也很少，变成求大于供，
因此有0.1块及半块肥皂的凭票供应。

机动车生产供应证

　　20世纪80年代前，国家控制的物资供应证须由国家计划委员会印制。80年代初私人汽车屈指可数，汽车供应主要分配给国营及集体单位，其中汽车种类有柴油汽车、汽油汽车、小轿车、轻型越野车。到90年代初，改革开放进入新阶段，我国汽车工业突飞猛进，交通发达，人民生活水平大幅提高，无须凭票供应，有钱就可买到理想的汽车。

小轿车、轻型越野汽车供应证

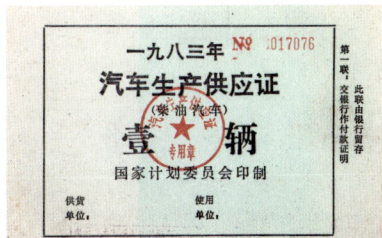

柴油汽车供应证

80摩托车供应券

临时乘车证

这张外地革命师生乘车证于1966年印发，汽车、电车各路通用。1966年"文化大革命"开始不久，各地教师和学生（简称师生）到各地串联，所到之处当地红卫兵组织无条件接待及照顾，但其本身也是没有钱，只有印出此种票进行记账赊数。

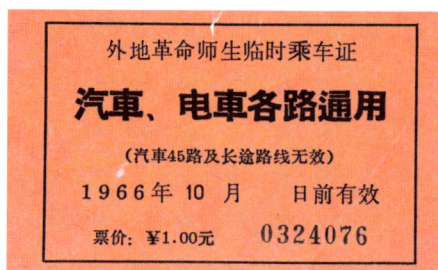

贵州省军区车公里票

1983年，为了照顾军队退休干部出入乘坐汽车方便，贵州省军区印发这种车公里票，属不用钱的特殊照顾，规定按票上的公里数，坐多少公里就要给多少公里票，并限于内部使用。

汽车客行包票

1958年全国实行人民公社化后，各方面物资运输都很便宜，为了加强现金收入管理，杜绝漏洞，因此客运行包都得买票，凭票托运保管。

购货证、购货卡、商品供应卡

在计划经济时期，各种购货证、购物卡及商品供应卡，关系到每家每户的日常生活用品。人们每月按本子上登记的人口数购买分配供应的商品，如白糖、饼干、腐竹、粉丝、月饼、酒类、香烟、香皂、洗衣粉、镀锌水桶、奶粉、家禽、蛋品、水产品、年货、灯泡、火柴、火石等。如果没有这些证、卡，日常生活就难以为继。

邕宁县派购证、购货证、农副产品自产自销证

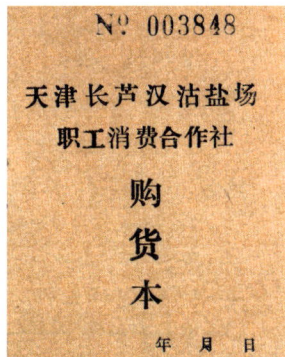

天津长芦汉沽盐场职工消费合作社购货本

北京市日用工业品购货券

北京市购货券

上海市副食品购买券

上海市日用工业品购买证

上海市副食品购买证

武汉市日用工业品购货券

桂林市购货券

南宁市购货券

各地以工代赈购货券

以工代赈就是"以务工代替赈济"，是国家以实物折款或现金形式投入受赈济地区实施基础设施建设，让受赈济地区的困难群众参加劳动并获得报酬，从而取代直接赈济的一种扶持方式。

广西壮族自治区工业品以工代赈购货券

安徽省粮食和工业品以工代赈购货券

陕西省中低档工业品以工代赈购货券

贵州省中低档工业品以工代赈购货券

海南省工业品以工代赈购货券

河南省以工代赈购货券

黑龙江以工代赈购货券

江苏省以工代赈购货券

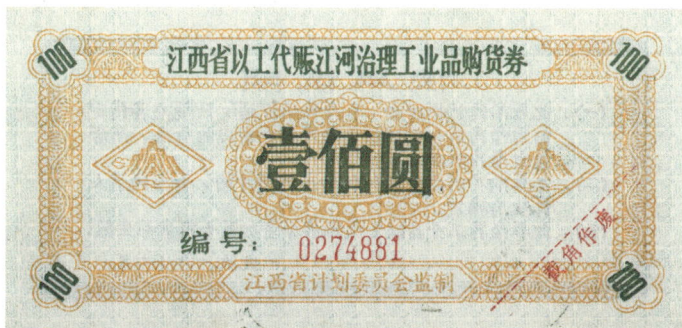

江西省以工代赈江河治理工业品购货券

四川省中低档工业品以工代赈购货券

侨汇商品供应证

这种供应证是有海外关系的人，有亲属在海外汇款回来才得到的。当时为了吸引外汇，在经济生活中，国家给予诸多优惠政策，寄回来的外汇按比例发给侨汇供应证，标明有粮食、油料、肉类、副食品、香烟、工业券等。在物资匮乏的年代，那些被看作海外关系的侨眷，有这些票券在手，会吸引多少人羡慕的目光。

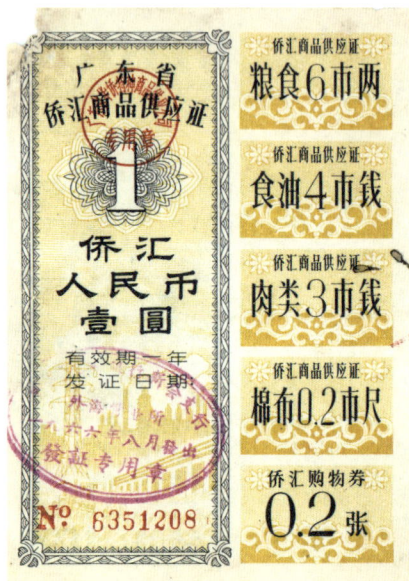

广东省侨汇商品供应证

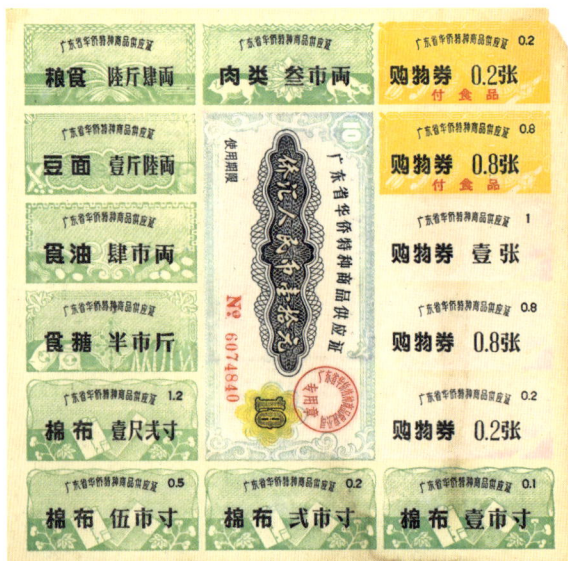

广东省华侨特种商品供应证

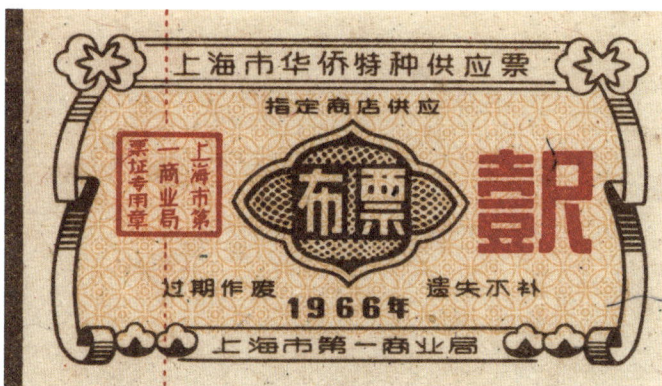

上海市华侨特种供应票

上海市华侨特种供应票

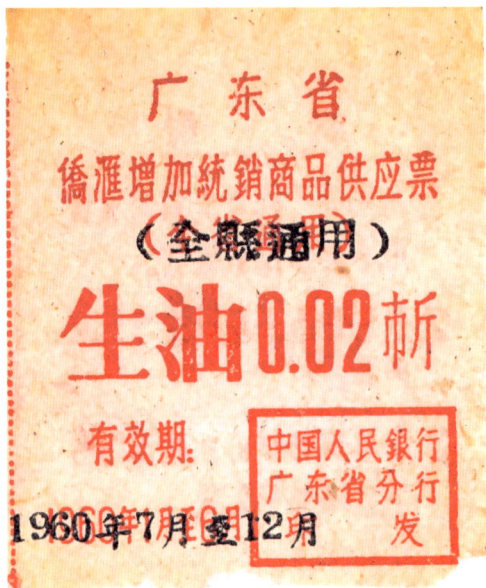

广东省侨汇增加统销商品供应票

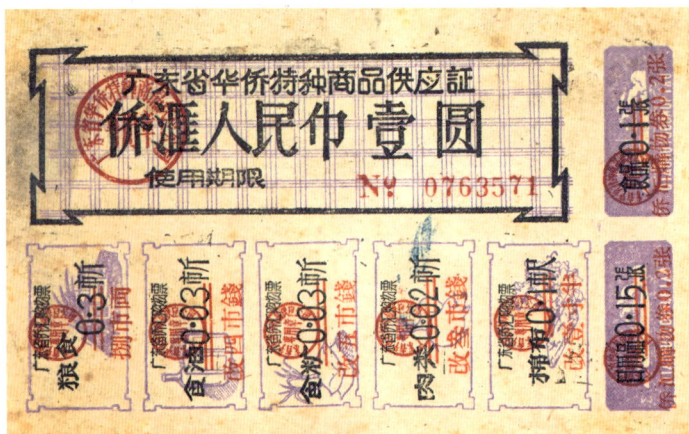

广东省华侨特种商品供应证

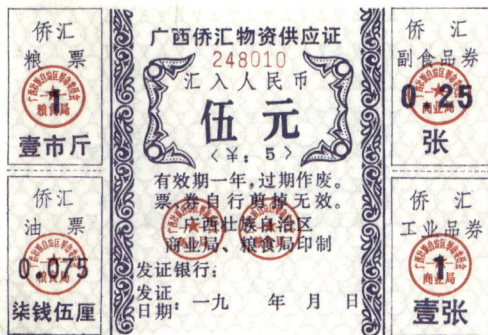

广西壮族自治区侨汇物资供应证

广西壮族自治区侨汇券

广西壮族自治区侨汇特种商品供应券

建筑侨汇供应券

这种建筑侨汇供应券由广东省海南行政区印发。在计划经济时期，物资匮乏，加上外汇少，国家为了鼓励海外亲属寄外汇回来，照顾他们按寄回外汇金额比例购买部分紧缺建筑材料。

福建省侨汇物质供应券

革命残疾军人物质优待购买证

这张购买证由新兴县革命委员会1977年印发。因当时各种物资还比较短缺，为了照顾革命残疾军人，每月给予生油6两、肉类2元的优待。

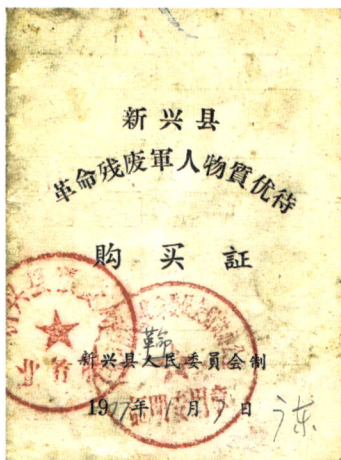

《毛泽东选集》第三、四卷购书证

新中国成立后，在普遍进行马克思主义思想理论教育的背景下，为了进一步提高全党的马克思列宁主义理论水平，适应广大干部群众学习上的需要，适应知识分子改造思想提高觉悟的需要，中共中央陆续编辑出版了《毛泽东选集》第一卷至第四卷。

《毛泽东选集》第三卷购书证

《毛泽东选集》第四卷购书证

社会集团购买证

天津市财政局1977年印发社会集团购买证。党的十一大召开后，财政要压缩开支，勤俭建国，厉行节约，实行办公费用包干制，每个单位、科室，按每年每季度划拨办公经费，以证代钱购买办公物品。

犯人购物证

在计划经济时期，普通百姓一切物品凭票供应。犯人服役期间，购物也得用犯人专用购物证。

湖南省第一监狱购物证

兑换券

这张兑换券由中国人民解放军驻贵州市第二监狱军管小组1970年印发。"文化大革命"开始时，中央就认识到监狱必须由解放军接管，在任何情况下，都不得动到监狱里的犯人。犯人亲属送来的钱由军管小组收管，另给兑换券在内部使用。

贵州省第二监狱兑换券

代金券

代金券是在购物等消费活动中用于代替货币使用的一种有价票券，通常有一定的使用范围和时限。

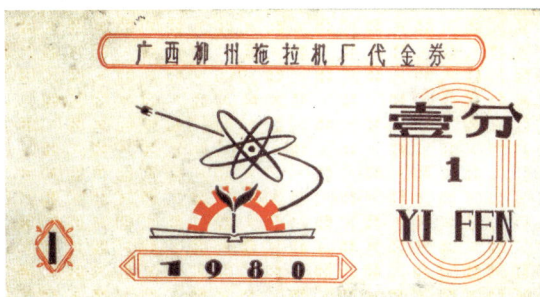

广西柳州拖拉机厂代金券

柳州机务段代金券

出生证

1953年，广州市人民政府卫生局印发出生证。当时尚未提倡计划生育，印发这种证明是为了每年出生率的统计需要，同时也成为实行计划生育时颁发准生证的基础。

广州市出生证

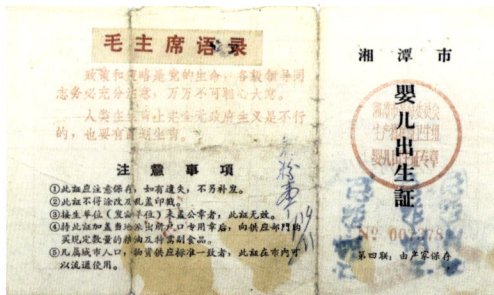

湘潭市婴儿出生证

江西铅山县出生证

山西煤炭准销证

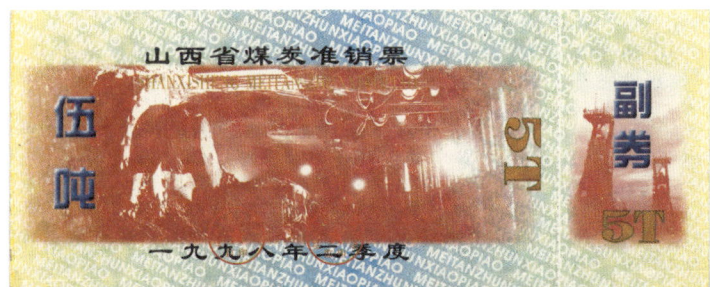

水肿病营养物资供应券

皮糠四斤

食油二两

豆饼四斤

食糖一斤

土地执照和房产执照

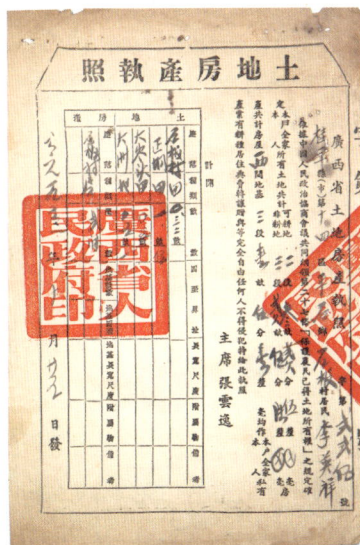

广西房产执照

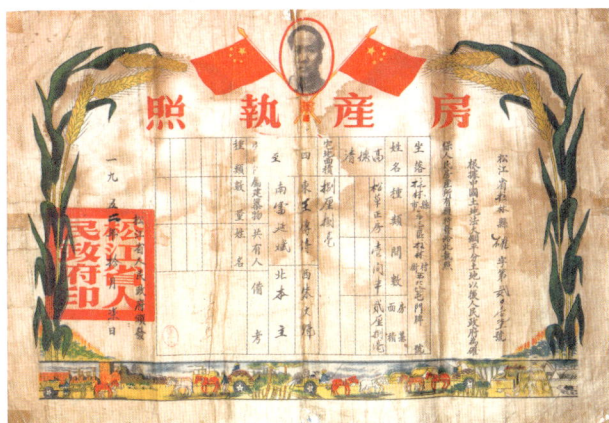

松江房产执照

国家公债券

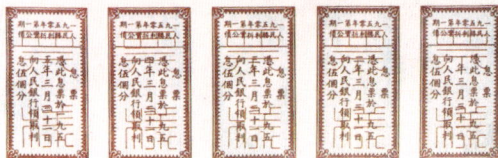

1950年人民胜利折实公债券第一期

1956年国家经济建设公债

1954年国家经济建设公债

1955年国家经济建设公债

1956年国家经济建设公债

1957年国家经济建设公债

中华人民共和国国库券

1983 年国库券

1987 年国库券

1991 年国库券

1988 年国库券

1991 年国库券

1991 年国库券

其他证件

社员证

姓　名　陈淑侠

性别　女

出生年月　59.2

毕业学校　文中

家庭住址　□区解放街（路工苏3号

发证机关　徐州市云龙区革命委员会

编　号　徐青字第13137号

陈淑侠同学积极响应毛主席"知识青年到农村去"的伟大号召，于一九七七年九月八日光荣地到江苏省铜山县（区）耿集公社□社大队参加三大革命运动，建设社会主义新农村。

特发此证

一九七七年九月十一日

知青证

中国人民解放军借物证

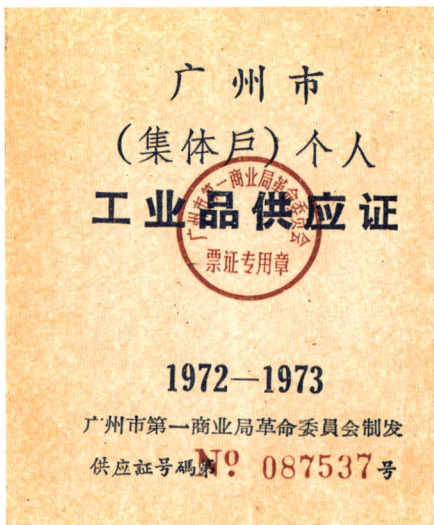

广州市（集体户）个人 工业品供应证

摊贩应注意事项

（一）摊贩必须遵守政府一切规定的办法摆卖营业

（二）本证不得转借或转让他人并不得窜改

（三）本证须随时携带以备检查如有遗失应即报告工商科呈请补发

（四）摊贩摆卖场所须照本证所填地点营业不得擅自移动位置或游动贩卖

（五）不得贩卖不清食品或有伤风化的图片书籍赃物军械以及其他违禁物品

（六）凡贩卖鸡鸭鸡蛋者其壳皮不得随地抛弃妨害公共卫生贩卖食物者其壳皮不得随地

（七）持证人不得有投机批骗高抬物价以及其他一切不正当行为

（八）如违反规定的第一次勘告第二次警告第三次没收本证并取销其摊贩资格

高要县摊贩营业证

要摊

宇第 号

一九五七年十一月十五日填发

姓名	何慧英
籍贯	高要
年龄	二十三
性别	女
营业种类	生果、香烟、芥菜
摆卖地点	大利统一路
现住所	大利中华路
资本金额	叁拾叁圆
从业人姓名	无
备注	

摊贩营业证

405